云南百位历史名人传记丛书

中共云南省委宣传部◎编

壮游滇云

徐霞客

陈庆江◎著

云南出版集团

云南人民出版社

图书在版编目（CIP）数据

壮游滇云——徐霞客 / 陈庆江著. -- 昆明 : 云南人民出版社，2019.7

（云南百位历史名人传记丛书）

ISBN 978-7-222-17971-4

Ⅰ. ①壮… Ⅱ. ①陈… Ⅲ. ①徐霞客（1587-1641）—传记 Ⅳ. ①K825.89

中国版本图书馆CIP数据核字（2019）第136818号

出 品 人：赵石定
责任编辑：冯　琰
装帧设计：马　滨
责任校对：赵苏容　李昕容
责任印制：马文杰

书名　**壮游滇云——徐霞客**
作者　陈庆江　著
出版　云南出版集团　云南人民出版社
发行　云南人民出版社
社址　昆明市环城西路609号
邮编　650034
网址　www.ynpph.com.cn
E-mail　ynrms@sina.com
开本　787mm×1092mm　1/32
印张　5.75
字数　120千
版次　2019年7月第1版第1次印刷
印刷　云南新华印刷二厂有限责任公司
书号　ISBN 978-7-222-17971-4
定价　25.00元

如有图书质量与相关问题请与我社联系
审校部电话 0871-64164626　印制科电话 0871-64191534

云南人民出版社公众微信号

云南百位历史名人传记丛书

编委会名单

总　序

丛书编委会

历史长河浩浩荡荡！中华文明自滥觞至汇聚千流，涵纳万水，奔腾迭起，云蒸霞蔚，延五千年之长史，至今生机勃然，是迄今世界上唯一保持完整且衍传有序、光耀于人类的伟大文明。

习近平总书记指出：一个国家、一个民族的强盛，总是以文化兴盛为支撑的。中华民族是具有非凡创造力的民族，我们创造了伟大的中华文明，实现中华民族伟大复兴的中国梦，必须弘扬中国精神。以爱国主义为核心的民族精神，以改革创新为核心的时代精神，是兴国之魂，强国之魂。

云南，是祖国西南神奇、美丽、富饶的宝地，是中华文明中极具特质和创造潜力的丰美之乡。云南少数民族文化是中华民族文化的重要瑰宝。长期以来，云南大地上，各民族和睦与共，相濡相生，共同创造了色彩瑰丽、形态多元、底蕴厚重、影响深远的历史文化，为我们留下了珍贵的精神遗产。人，是历史的镜子，是历史最生动的环节，人民是历史的主人和创造主体。在人类历史的进程中，一个个不同时期的代表人物产生过一些不同的影响。“云南百位历史名人传记丛书”就是这样一丛历史的记录，一百位历史名人，虽未必尽能概全，各位历史人物的代表性也不尽相同，但都是“追梦人”，是振兴民族伟大理想的传薪人、探索者和实践家。

在这些代表人物中，无论是拓土开疆的将帅勇者，还是蹈海酬志的大国使节；无论是志于传播文明的鸿儒巨擘、先哲贤士，还是为民族独立解放而高歌猛进、慷慨捐躯的群雄英杰，都贯注了这一重要精神。正是以他们为代表的云南各族人民创造并抒写了可歌可泣的英雄史章，熔铸了坚韧不拔、奋为人先、包容博大、敢于担当的精神品质，才使云南在中华文明的长史中闪耀着特有的光辉。尤在近代中国，在辛亥护国风云中，在反对外辱保卫祖国边疆维护民族尊严、抗击日本法西斯侵略中，云南站在历史前台，以中华群雄的不屈身影演出了一幕幕豪迈悲壮的历史大戏，也更涌现了一批足以彪炳史册、光照后人的杰出人物。这一切，给予中国历史进程深远的影响。

今天，实现中华民族伟大复兴之梦，谱写富民强滇中国梦的云南篇章，需要以中华文化发展繁荣为重要条件，这就需要接续这一光荣而伟大的精神传统，在继承中创新，在创新中发展，在发展中超越。云南正处于一个新的历史起点上，需要大力挖掘历史文化资源，聚合更强大的精神动力，为推动我省科学发展、和谐发展、跨越发展凝心聚力。为此，我们组织省内外专家学者编写出版了“云南百位历史名人传记丛书”。这对加强我省各族人民，尤其是青年一代对历史的了解、认同，爱国爱乡爱民并甘于奉献，对提升优秀精神品质，形成团结奋斗的共同的思想基础，坚定推进富民强滇的信心和决心，显然有着重要的现实意义和切实的助力。

一百位历史人物，所处历史时期并不相同，其历史作用也有差异，甚至就个人的全面历史评断方面也难以等量趋同。但我们以为这些留存史迹的人物，所以传扬至今，为后世崇奉，均有他们共同的历史向度和价值取向，我们学习这些历史人物，至少应当着重于以下几个大的方面，即“守大德、重大义、集大成、有大度、达大观”。

守大德，即恪守道德规范。“德者，本也。”（《礼记·大学》）“大德”既是国家民族的根本利益所在，也是中国文化中最核心的价值理念及标准。古语“行德则兴，背德则崩”，不仅是资政经验，也是个人修习完善的根基。所谓“厚德载物”，直观的理解，就是如果德行浅薄，是不能兴物成事，更不能造就伟大功业的。云南历史文化名人，大多以德立身，大节不移，并对此恪守坚定，一以贯之；始终保持正确信念和理想，并为之奋斗到底。这是我们首先要学习尊崇的。

重大义，即以国家民族利益的需要为个人行为取舍的标准。有大义，才有大爱。这些先贤无不爱云南爱乡土，以兴业乡梓、造福一方为己任。尤在国家民族命运攸关、生死存亡的关头，这些令人崇敬的先辈，大义擎天，逢难不避，敢于担当，责无旁贷，勇往直前，不惧牺牲。一个心存天下大公的人总会在不经意的一瞬决定大义的选择，这是社会进步的希望所在，更何况实现中华复兴的伟大梦想，还有很多异常艰危的事业在等待我们去克难攻坚。所以，举凡大义、为民为国、全身而进的精神是我们应当效法崇尚的。

集大成，“知类通达，强立而不反，谓之大成”。这些历史人物留下的足迹，予人深刻启迪。他们无论是出将入相，还是布衣一袭，均勤学不辍，求索不止，在追求真理和知识的道路上刻苦务实，义无反顾，永无终期，故能成大器，胜大任，不辱使命。今天，世界进入知识信息时代，软硬实力决定一个国家能否赢得发展机遇，乃至自立于强国之列的地位。其紧迫性不亚于先辈梦想中国富强的百年期许。但今天所谓“集大成”，是更高更大更具有生存挑战性和发展战略性的，是集世界之“大成”，集政治经济、科技文化、制度建设、社会发展等一切领域“总成”，玉成中国梦的空前伟大的事业。所以，先人刻苦自律、博学精进的学习精神我们应当秉持继承。

有大度，即要有开放包容的胸怀。云南历史文化名人的一个共通品质，也是一个显著特点就是，即使身处僻远，总能破除狭隘与陋见，以宏大度量，兼容并包，接纳先进，吸收优异，团结一切可以团结的力量，聚合一切可以聚合的资源，总成一股创造历史的宏大动力，来完成伟大的事业。哪怕是割股舍己，也在所不惜。今天，云南要实现跨越式发展，保持开放包容的胸怀尤其重要。所以，先辈“天下云南”的大度我们应当弘扬光大。

达大观，即要眼观天下，达察全局，与时俱进，审时知变，敢为人先。推动云南社会历史进步的代表人物，无不目光远大，胸怀全局，对世界潮流、时代嬗变，都能审视洞悉，并欣然顺应规律，故能在历史转折的关键时刻做出正确选择，成就改天换地的一番伟业。古语有“小智自私”“达人大观”，是将为个人谋私的小智谋与担当天下兴亡的大智慧尖锐对比而言的。否则，“其兴也勃焉，其亡也忽焉”。一个为民为国而应用心智的人，必然有达观天下的心怀，也由此激发潜能、超迈寻常，而使人生境界也更加美好而宏丽。遍观世界文明史，许多影响人类进步的伟大创新，正是以此为动力和起点的。今天，中国经济社会的快速发展，国家的日益强大，正为实现中华民族伟大复兴的中国梦开拓了无限广阔的道路，也为个人实现自身价值创造着更加富实的前景。所以，先辈们达观天下的精神我们应当引为楷模。

我们对志向高远、仰观天下、俯察民情、甘为路石、慨当以慷、求真务实的历史名人，心存景仰，并愿与千千万万的读者，尤其是青年朋友一道学习弘扬。

组织编撰“云南百位历史名人传记丛书”是一项重要的文化工程，编撰出版人员都做出了艰苦的努力，但由于众手修书，书稿层次不一，成书体例难以做到完全一致，对存在的不足敬请读者批评指正，我们将虚心接受，并在修订再版时一并吸纳修改完善。

引子："明朝那个江苏人"

2011年4月10日，国务院正式批复：自2011年起，每年的5月19日，为"中国旅游日"。

为什么选定这个日子？有什么特别的原因吗？

这是与一个历史人物联系在一起的，他就是徐霞客。徐霞客一生旅游，撰写了《徐霞客游记》。人们今天能够读到的《徐霞客游记》，开篇为《游天台山日记》，这篇游记写的第一天，是公元1613年农历三月间最后一天，换算成现今通用的公历，即是5月19日。"中国旅游日"定在这一天，有着深刻的旅游文化内涵。

中国古往今来，旅游大家如繁星满天，"中国旅游日"独独与徐霞客挂钩，这绝非偶然。

北京中华世纪坛第三层民族文化环廊中，耸立着一组2米左右高的青铜雕像。他们有一个共同的称号：中华文化名人。这一组雕像所雕塑的，都是我国各个历史时期，在文化、科技、教育史上做出过重大贡献的代表人物，他们在各自的领域都堪称第一人。从春秋时期的思想家到中华人民共和国的科学家，一共评选出了40位，其中一位就是徐霞客。古代的旅游家和地理学家中，就只选了他一个。

再稍稍回溯历史便知道，明朝末年以来，文化名人、学界大家、政界领袖等一直对徐霞客和他的游记给予高度的赞扬和评价。

这里，我们扼要摘取一些：

明末著名文化人、有“闵中大师”之称的黄道周赞誉徐霞客为“天下畸人”。①徐霞客的好友、苏州四大才子之一文征明的曾孙文震孟说：徐霞客“真古今第一奇人也”。②明末清初文坛领袖、被黄宗羲称为“四海宗盟五十年”的一代宗师钱谦益评价道：“徐霞客千古奇人，《游记》乃千古奇书”。③他又说：“霞客先生游览诸记，此世间真文字，大文字，奇文字”。④民国时期，梁启超、胡适、丁文江等对徐霞客赞誉有加。丁文江甚至认为，徐霞客比之于顾炎武、王夫之、黄宗羲等人，“工作之忠勤，求知之真挚，殆有之无不及焉”。⑤

中华人民共和国的三代国家领导人都十分推崇徐霞客。1959年4月5日，在上海召开的中共八届七中全会上，毛泽东讲了这样一段话：“如有可能，我就游历黄河、长江，从黄河口子沿河而上。搞一班人，地质学家、生物学家、文学家，只准骑马，不准坐车，骑马对身体实在好，一直往昆仑山，然后到猪八戒的那个通天河，翻过长江上游，然后沿江而下，从金沙江到崇明岛。我有这个志向……我很想学徐霞客。徐霞客是明末崇祯时江苏江阴人，他就是走路，一辈子就是这么走遍了，主要力量用在长江。《徐霞客游记》可以看”。⑥ 这之前的1956年1月28日，在最高国务会议上讲话时，毛泽东就推崇过徐霞客，说：“明朝那个江苏人，写《徐霞客游记》的。那个人没有官气，他跑了那么多路，找出了金沙江是长江的发源”，“我看他不到处跑怎么能写得那么好？这不仅是科学作品，也是文学作品”。⑦

1985年10月，当时的国家主席李先念为纪念徐霞客诞辰400周年题词：“热爱祖国，献身科学，尊重实践”。

2007年11月27日，在北京全国政协礼堂隆重举行徐霞客诞辰420周年纪念大会。会前的8月24日，温家宝总理就给大会发来题名《纪念徐霞客》的贺信。温总理在贺信中说，他对徐霞客“心怀景慕”，徐霞客是“中华文化滋养出”的“先哲”，《徐霞客游记》是“中华经典”，它“经受了时间的检验，历史的审读”。⑧

徐霞客崇高的历史地位，已然可见。

注释：

① 黄道周：《七言古一首赠徐霞客》，载徐弘祖撰、朱惠荣校注《徐霞客游记校注·附录》，中华书局2017年8月第1版第1次印刷，下册第1391页。以下引用该书，版本同此。

② 文震孟：黄道周《七言古一首赠徐霞客》跋，载《徐霞客游记校注·附录》，下册第1393页。

③ 钱谦益：《嘱毛子晋刻游记书》，载《徐霞客游记校注·附录》，下册第1429页。

④ 钱谦益：《嘱徐仲昭刻游记书》，载《徐霞客游记校注·附录》，下册第1428页。

⑤ 丁文江整理：《徐霞客游记·序》，商务印书馆1986年重印本。

⑥ 陈晋主编：《毛泽东读书笔记解析》，广东人民出版社1996年版，第1124页。

⑦ 龚育之、逄先知、石仲泉：《毛泽东读书的生活》，三联书店1980年版，第270页。

⑧ 参见温家宝：《纪念徐霞客》，2011年4月13日《人民日报》。

目录// MULU

◆ 山水写人生

◆ 万里赴滇

◆ 溯源究委：千里追寻盘江

目录// MULU

目录 // MULU

目录// MULU

山水写人生

中国的晚明时期，风云激荡，新潮涌动。一个个挺拔伟岸的身躯，以卓然独立的形象，走上了时空的前台，一时间大地生辉，历史增彩。

徐霞客是那一群拨动社会神经、奏响时代新音的伟丈夫中的一员。他一生献给山水，以最为雄健豪迈的步履，攀上了地理学和旅游学的顶峰，被誉为“千古奇人”。

山水情结

中华大地山水壮美。山水滋养了我们宏博绵厚的文明。山水意蕴早已凝成中华文化的基因，一代代流布回响。历史的华章中，山水之子们的身影叠合成了一副壮阔的画卷。

中国的晚明时期，风云激荡，新潮涌动。一个个挺拔伟岸的身躯，以卓然独立的形象，走上了时空的前台，一时间大地生辉，历史增彩。

徐霞客是那一群拨动社会神经、奏响时代新音的伟丈夫中的一员。他一生献给山水，以最为雄健豪迈的步履，攀上了地理学和旅游学的顶峰，被誉为“千古奇人”。

徐霞客出生于万历十四年十一月二十七日，换算成公元年份，为 1587 年 1 月 5 日，逝世于崇祯十四年（1641）年初。他 55 个年头的一生，前后跨万历、泰昌、天启、崇祯四朝。说来有些巧合，他强健生命的脉搏，竟是在大明王朝日渐倾斜颓败的节律中跳动的，而这个王朝在他身后没几年也就完全倒塌了。一边是观察探索自然与社会、寻找人生真谛的身影，一边是丛生的衰兆乱象，显然不协调，却又合乎逻辑。

徐霞客名弘祖，字振之。他游历各地名声渐大之后，挚友黄道周给他取了一个雅号“霞逸”，另外一个友人陈继儒又给了“霞客”的号。后来，“霞客”这个号广为流传，为大家熟知。从身材相貌上说，徐霞客并不高大魁梧。古人说一个人长得高大，往往说身长八尺、七尺，霞客大约六尺。他清清瘦瘦，颧骨青黑，牙齿似乎也不很白，皮肤黝黑，友人说他乍看上去像个“枯骨道人”，但随时随地眉宇间透出一股豪气、胆气。

徐霞客的家乡为明代南直隶常州府江阴县（今江苏省江阴市），他是地地道道的江南人。在江南地区，江阴的地理环境可算是特点突出。它是长江中下游平原上一片相对独立的地理单元，与周边地方相比颇有些差异。比如，滚滚长江万里奔腾到此，在江阴北面形成一段束狭的江面，自古为江防要塞，兵家必争之地。再往下游，江面就悠悠然向两边扩展开去，一派宏阔苍茫之势，因此这里有江尾海头之称。长江三角洲的太湖以东，四望无际，只是东一处西一处稀疏地点缀了一些小山。江阴境内河流众多，湖泊港汊密布，从来就是水乡泽国的形象。可是，江阴的山却不少，比如长江岸边的君山、黄山、小香山、砂山等等；又比如在徐霞客家附近，登高往北眺望，错落有致地排列着好几座山，有秦望山、花山、昆山等。这些山山体不大，海拔不高，矮的几十米，高的几百米，称不上磅礴连绵，然而，它们风光秀美，林木葱郁，四时花繁草茂，虫鱼鸟兽随处栖息。徐霞客自幼生长在这样一个自然环境中，在河流、湖港、小山间摸爬玩耍，家乡的山和水点点滴滴地滋养、助长了他的山水情结。

博雅君子

徐霞客的同时代人说，他的一生“放绝世务”[①]。也就是说，他走的是不同寻常的人生之路，世俗常人蝇营追逐的那些东西他都洒脱地放弃了。

徐霞客可以走的路，有三条。

寒窗苦读，科举及第博取功名，跻身仕途。按照那个时代普遍的人生观和价值观，这是最应当选择的路。

徐霞客的家乡自古人文荟萃，明清时为科举考试的重地。那时的读书人，要参加正式的科举考试，必须取得资格，获取资格的考试叫院试，由一个省的最高教育官员主持。江阴就是进行院试的地方。

徐霞客在经济、文化两方面享受着祖上传下来的基业。他的家世，在他之前可考的共十六代，从北宋末年传到明朝中后期，一代代都是江南地区的名门望族，既是富户人家，又是文化世家，过着田园诗书的生活。[②]例如，九世祖徐麒生活在明朝初年，因为替朝廷完成了一项重要使命，朝廷曾赐给一品朝服，荣归故里后，置买下几千顷良田，购藏了几千卷书籍。十三世祖徐经，被称为“江阴富人”，家中的藏书楼名叫万卷楼，远近闻名，藏书数量多，种类丰富。霞客的曾祖父辈兄弟三人，各分得田产一万二千多亩。

徐霞客青少年时的读书条件很优越。徐家到霞客祖父那一代时，已逐渐败落，到他父亲那一代，田产已减少了好多。不过，依然算是富户人家，霞客不需要为了日常生计而去从事经济生产活动。家中有藏书楼，祖上积累下来的宝贵藏书也还未曾流落。家里聘有私塾先生，霞客童蒙时就有私塾先生教他读书。他天资聪颖，诵读诗文过目不忘，语言表达好，少年时就显示出提笔成章的本领。他生活在典型的科举时代，读书——考试——做官是很合乎常理的人生选择，是绝大多数读书人的人生三部曲或人生梦想。

徐霞客骨子里是个读书人，真可谓嗜书成癖，读私塾时就已经饱览了大量书籍，但是他的内心深处并不认同科举。读科举考试的书籍，背科举考试的范文，写科举考试的文章，“雅非其所好”，③只是怕有违父母的心意，才勉强装装样子。

徐霞客只是应付性地走了一程科举之路，效果自然不会理想。大约十五六岁前后，他到县城参加童生试，没有考中。以后，他没有像他同时代的很多读书人一样，一次又一次地再考，甚至考到老死，而是从此放弃了科举。童生试失败之后三四年间，徐霞客没有干其他的事，仍然还是埋首书海。这时的他已经彻底丢弃了科举功名这个大包袱，故而更是完全按照自己的意愿、兴趣读书。家里丰富的藏书，他觉得可读的都读完了，自己又新买了一些书读。长年浸润于书海中的他，被誉称为“博雅君子”。④

说来似乎有些奇怪，徐家一代代都饱读文献，确实称得上书香门第，但与科举功名却是无缘。徐霞客的祖上，有考中举人的，但没出过进士。相反，有若干代曾经经历过科场的悲剧，给徐家后辈的心理蒙上了一层阴影。

徐霞客十三世祖徐经，自幼酷爱诗书，埋首勤读，20 岁出头就中了举人。孝宗弘治十二年（1499）他赴京城参加会试，考前被传贿赂主考官的家僮得到试题，虽未查实，最终还是被削除仕籍，取消做官的资格，只可以回到县衙当差役。他回到家后，闭门谢客。几年后孝宗皇帝死了，他想寻找机会重返科场，结果英年早逝。十四世祖徐洽十几岁就进入国子监就读，学业名列前茅，按说高中功名不成问题，可他一次次参加会试，前后七次全都落第，说来满使人伤感。他失败后，把希望寄托在下一代，于是特意选地方建造了一个书屋（书屋原址就在徐霞客故居），让儿子徐衎芳（徐霞客的爷爷）读书其中。徐衎芳经年累月，潜心啃读四书五经、科举时文等，但考了若干次，屡试不中。⑤

徐霞客不走科举入仕的道路，按他家的客观条件，他还可以经营田产和家庭手工业，振兴家业。这是中间的一条路，但他对此同样没有兴趣。

霞客偏偏取了时人眼中的下策。少年时代梦想的多是山水，博览群书最拨动心弦的是山水，19 岁以后跨过家门前的圣水桥几十年广游山水。

他在书海里向往、追求的是功名以外的其他东西。是什么呢？霞客读书与当时的多数人不同，“特好奇书”。

他眼中、心里的“奇书”，主要是历朝历代记载山河湖海、风俗物产、名胜古迹，以及各类特立独行人物事迹的书籍。这些书籍与科举考试通常没有什么关联。对这些书籍，他爱不释手，读起来如痴如醉。私塾先生给他教授四书五经等应付科举考试的书籍时，他常常在这些书下面藏一本“奇书”，乘先生不注意时偷偷阅读，摩挲把玩，进入状态后每每忘乎所以，神采奕然，甚至手舞足蹈。显然，少年时代的徐霞客就心在自然山水、奇景异物，向往五湖四海、天南地北，正如他在后来的游记中所追述的：“余髫年蓄五岳志”⑥。当然，“五岳”只是山河大地的一个代名词。文献记载，他有一次读到一个材料，说历史上有人曾自豪地夸耀：天下有九州，我涉足过八个；最著名的山为五岳，我攀登了其中的四座。他拍掌说道：“丈夫当朝碧海而暮苍梧，乃以一隅自限耶？”⑦很显然，他的理想和抱负就是要以一种博大的胸怀、广阔的视野、自在独立的意志投身大自然。这是行者无疆的境界。

知子莫若母

霞客有意无意表现出来的，都是“到远方去”、“行万里路”、“畅游名山大川”这样一些情结。渐渐地，他的家人也知道他是一个心性属于山水的人，是一个会“一直在路上”的人。那么，他们的态度呢？徐霞客得到他们真心实意的理解和支持吗？

徐霞客的性情，天然地受了他父亲的颇多影响。他父亲几乎就没有被科举羁绊过，也不与官员打交道。管管田产，把家里几十张纺织机织出的布运到苏州、无锡等处售卖，闲来逛逛家乡一带的山水，可谓悠哉乐哉。曾经有一次，当地地方官去拜访他，他竟然从后门偷偷溜走。他猜想那些人回头很可能还会来，干脆带上仆人，坐一叶小舟，去太湖游玩了十天半月。这些，无疑潜移默化地影响了徐霞客。

徐霞客真正踏上旅游考察的人生之路，并能长时期艰苦卓绝地坚持下去，尤其与他母亲王氏的支持、鼓励、启发分不开。在母亲那里，他的价值取向获得认同，心灵得到慰藉，情感得以安妥，精神意志得以舒张。

徐霞客 18 岁时，父亲去世，随后家庭又经历了一些变故。这使得他更加“厌弃尘俗”，“欲问奇于名山大川”[⑧]的强烈冲动在内心深处一天天沉淀着。可是，还有一个不可回避的现实问题摆在面前：高堂老母健在，母子情深，能抬脚就走了吗？况且，我国自先秦时期就诞生了“父母在，不远游”的儒家伦理思想，徐霞客这样一个深受传统文化浸染、秉持孝道的人，能撇开这一伦理，我行我素吗？当然不能。一边是心底的希冀，一边是实现希冀的难解障碍，矛盾极了。心灵深处纠结、煎熬、痛苦，无以排解！

是霞客的母亲破解了这个矛盾。知子莫过于母，他母亲当然了解他的心事。如果说年幼的时候，霞客向往外面的世界，在一定意义上表现为一种童趣和率真，一种朦胧的感觉，那么到霞客已经是成人的这个时候，它已经凝结成支撑个人精神世界的独立意志。母亲可以不支持他，甚至坚决反对，但是设想一下，那会有什么样的结果呢？比如，儿子走极端，不顾一切走出小书斋，并且十有八九产生母子隔阂，这是一种可能。问题是，带着母子隔阂这样一个心结去看山看水，看出的会是什么呢？另外一种可能，儿子被拖在了家中，郁闷、焦虑、萎靡，甚至颓废。这就太残忍，他的心性将被埋葬。说远一点，大地山河间少了一个伟岸的身影，旅游文化史上少了一个大手笔。

霞客母亲的可敬之处，正在于当她清楚儿子的人生目标已经选定，就赞同他走自己的路，做他的后盾。她知道，这个目标与普遍的人们所想所为的不太一样，但至少可以成就儿子健全的人格、舒心的生活。霞客母亲说了一段勉励他，让他豁然、释怀的话："志在四方，男子事也。即《语》称'游必有方'，不过稽远近，计岁月，往返如期。岂令儿以藩中雉、辕下驹坐困为？"⑨ 儿子要踏上旅途了，她亲手一针一线为儿子缝制出游穿的衣服，又特意做了一个帽子，叫"远游冠"，"以壮其行色"。这个帽子是方形的还是圆形的？上边绣了"远游冠"三个字吗？此外是否还绣了其他的文字或图案？这些都没有具体的材料记载，但它的样式应该比较中正平实，徐霞客戴上它会感到兴奋、安全。

就这样，徐霞客跨过家门前的那座小桥（名叫胜水桥），投身到山水中。

在几百年前，徐霞客的母亲支持、鼓励儿子顺乎自己的兴趣、志向走自己的路，这实在是极为难能可贵的。儿子没考上功名,也没好好经营家产,母亲内心有没有遗憾?也许是有的，但没有表露。相反，母亲构筑了一个温馨安妥的港湾，让儿子从这里起航，到他梦想的天地里去遨游，寻找他心灵的归宿，释放他的情怀，实现他的价值。这是一种深沉的爱，大爱！

至孝有道

徐霞客被人们称赞为“至孝”。他的孝道显得有些特别，与他的山水人生内在地联系着。

他旅游某处名胜风景地归来，通常都要给母亲带回一些珍奇异物。这里，不妨举一个典型的例子。他游武当山，山上有几棵榔梅树。榔和梅本是两个树种，道家相传，真武帝君在武当山折了梅枝插在榔树上，竟然开花结果。这样一来，榔梅果就带有了神秘色彩，与神仙、长寿联系了起来。他见到榔梅树，就向道观中的道士讨要些榔梅果，道士先是瞪大眼睛看着他，不敢回答，随后告诉他：这是被禁止带出山中的物品，以前有人带出去三四颗，好几个道士被重重处罚，还连带他们的家庭也一起遭殃。听道士这样一说，徐霞客更是想得到这东西，好说歹说，在保证不让别人知道的承诺下，终于弄到了几颗，但都已经发黑而且有些腐烂。他于心不甘，再想办法。功夫不负有心人，当天傍晚，他在另一个地方，弄到了几粒色优质好的，一数，六颗。第二天他就下山了，一路好心情，二十几天后回到了家中，“以太和榔梅为老母寿”⑩。

更为有意思的是，他回到家中，都要把旅游的苦与乐与母亲分享，给母亲绘声绘色地描述祖国山河大地如何地宏伟壮阔，一座座山岭、一条条川流是怎样地奇异险峻，南疆北国的风土人情又是怎样地多姿多彩，还有哪儿传说住着神仙灵怪啦，攀崖壁、登山道时发生过什么稀奇有趣的故事啦，等等。他母亲总是以一种欣赏的态度，神情专注地听他讲，还不时地问一些问题。其间，母亲给儿子煮些香蒲之类的东西，泡上热茶。她对儿子旅游中有各种各样的收获而感到高兴，大加赞赏。儿子讲得投入，母亲听得过瘾，都显得是那样的惬意。

徐霞客一次次在各地穿梭旅游，终于到他母亲 80 岁那年，他表示要“罢游”，在家伺候母亲。他母亲知道这是儿子有所顾虑，就对他说：“吾尚善饭。今以身先之。”⑪接着，特意安排了一次母子同游，八十高龄的母亲，叫儿子陪伴着，游览家乡附近宜兴、茅山等地。游览途中，步行时还总是故意走在霞客的前面。这次游览，应该说霞客的母亲才是主角。霞客陪母亲游览，让母亲的意愿得以表达，这样的孝道别有意义。第二年，他母亲就去世了。

徐霞客游历四方，他母亲对他有没有什么要求呢？有的，主要是三条，首先：“识好人”；第二，“游好山水”；⑫再有，游了“好山水”，回到家要一一描绘图景呈给母亲赏看。

还有一件事情很能体现徐霞客的孝道。35 岁那年，他游福建九鲤湖，当时他母亲正患病医治。九鲤湖有一座仙祠，他就到祠中为母亲的健康、长寿祈祷，并求签，签上写的是这样两句诗："四月清和雨乍晴，南山当户转分明"⑬。后来，他母亲的病果然日益好转。于是为祝福母亲长寿，他准备建所房屋给母亲颐养天年。他母亲则说，最好做一件追思、纪念先祖的事。霞客把二者结合了起来，给母亲建了房，取"晴转南山"的含义，名叫晴山堂。然后，又在晴山堂中建了一组蕴含深刻纪念意义、堪称艺术瑰宝的碑刻。这是怎么回事呢？霞客的祖上一代代与社会各界名流广泛结交，得到了这些名流的很多诗文题赠，都是不可多得的墨宝。但是其中一些家里已经不存了，流散在外。徐霞客在前后十多年的时间中，一边旅游，一边不遗余力地搜集名人们为祖上题赠的墨宝。比如，李东阳为霞客的十一世祖徐颐写的 60 岁寿序，以及所撰墓志铭，不知什么时候流落了，霞客费尽气力访求到，用三亩田换了回来。另外，徐霞客又走南闯北，请一些同时代的名家为母亲题赠。比较典型的，如他跑了五百多里路，用真情真意感动大书画家董其昌，董其昌于是写了《明故徐豫庵隐君暨配王孺人合葬墓志铭》。这些墨宝，隶书、行书、草书、楷书，样样俱全。他将这两部分墨宝尽量汇集后，再请来能工巧匠，把它们刻成石碑，镶嵌在晴山堂四壁上，后世称其为《晴山堂石刻》。"石刻"共有明代两百多年中88位知名诗文书法大家为霞客先世题赠的94篇诗文作品，这些作品的作者中有状元8人，书法大家占整个明代书法名家的百分之七十左右。其中如宋濂、解缙、杨士奇、李东阳、文征明、祝允明、董其昌、米万钟等等，都是明代文化史上颇有影响的人物。

游出大名堂

也许有人会认为徐霞客属于另类，他的行为与时代潮流不合拍。这个看法不完全对。其实，徐霞客是勇敢站到潮头上去的人，他的人生是和着时代的一股新生脉搏书写的。

明朝中后期，思想文化领域里吹进了一股新鲜的风，逐渐呈现出多元的态势，一些思想者提出了某些具有启蒙意义的思想、观念。比如著名的“异端人物”李贽，对禁锢人们言行的思想猛烈抨击，主张个性发展，任由个人追求自己的“所望”。王艮、徐光启等等，反对空谈，反对只坐而论道，掀起了“实学”思潮。这一思潮直接发展为明末经世致用的思想。明代有名的大戏剧家、比徐霞客大三十几岁的汤显祖，倡导文艺要写情感、写人性。文学史上很有影响的公安派代表人物袁氏三兄弟（袁宏道、袁中道、袁宗道），提出“独抒性灵，不拘格套”的美学主张。这些观点、主张说出了很多文化人的心声，对当时的文化界产生了很大的刺激。纵观徐霞客的旅游人生，就是典型的追求“所望”，脚踏实地的实践活动，自在自得的性灵舒张。

具体到旅游，那就更不是什么另类行为。明代，官僚、文人喜好旅游。明代后期，这种风气更盛，社会上出现了一个旅行家群体。当时有人说：“读未曾见之书，历未曾到之山水，如获至宝，尝异味。一段奇快，难以语人也。”[14]钱谦益在他的《牧斋初学集》中记载道：当时江南一带的一些名士说：“至某地某山，不可少一游。游某山，不可少一记”。[15]从万历年间至明末，今天可考的游记著作达60种以上。进行了旅游活动而没有留下游记的应该还更多。在“游山玩水”这一点上，徐霞客显然是向官僚士大夫们看齐的，他是那时旅游者群体中的一员。

所不同的是，徐霞客的“游山玩水”，超越了前人，也超越了他的同时代人，“游玩”出了大名堂。概括起来，主要有以下几方面。第一，古代大多数有所成就的旅游者，都是带着官僚、士绅、使者等身份进行旅游，如南朝时的谢灵运，明代的王士性，清朝的袁枚，等等。而徐霞客是以一介布衣的形象，卓然行走在山水间。第二，徐霞客进行的是一种职业性旅游，心无旁骛，目标远大。我国古代，较长时间、较广地域的旅游，通常的情形是以其他使命、其他目的为核心，旅游只是附带的，顺便的，是副产品。比如，孔子周游列国、张骞出使西域、玄奘赴天竺取经等，都是如此。像徐霞客这样的私人职业性旅游，并不多见。第三，徐霞客的旅游，将景观审美与对自然和人文社会的考察高度有机地结合起来，晚年“西南万里遐征”时体现得尤为突出。他景观审美活动的独特、独到之处因此而随处显现，科学考察活动更是具有极其突出的价值、意义。第四，徐霞客的旅游可以说进行了一生。大约从20岁前后，直至去世前几个月，30多年中，除了前后两次旅游的间歇在家中处理一些家事、做必要的休整准备外，他都是在旅游。单次旅游，或数日，或数月，最长的历时三年多。第五，徐霞客旅游的范围广远，景观丰富。明代除边疆一些地方采取特殊管辖方式外，稳定状态下共设两京（中央直辖区）和十三布政司（大体相当于今天的省、区），它们全都留下了徐霞客的足迹。还有，徐霞客的思维世界里、眼中、笔下，有世人普遍认同的那些风景名胜，但更多的是其他各种各类极其丰富的景观。这就使得他的旅游理念、旅游方式往往因此而与常人不同，他的游记因此而价值倍增。第六，徐霞客始终以非凡的独立意志和精神，坚韧的毅力，快乐、积极、主动地从事他所深爱的旅游事业。他直面困难艰险，不怕走弯路，不轻言放弃，挫折面前不低头，饥、寒、病、痛压不垮他，总是豪迈地朝下一个“远方”进发。他在旅游中时时表现出创新精神，勇于探索，敢于挑战传统。第七，徐霞客在旅游中，始终有着强烈的文化意识和文化使命感，时时处处表现出一个大文化人的风范、气度、内质。《徐霞客游记》，正是他弘通文化学养和用脚步丈量山河大地的结晶。

万里赴滇

徐霞客就这样一路走来。哪怕从某些角度上只把他到达云南之前的这一路看作过程，这过程已然如此精彩。较之以前的游历，在这一可谓漫长曲折的过程中，他旅游的境界更加提升，对自然与人文社会的考察更多、更深入、更科学，探索精神更加显现。

心心念念西南游

徐霞客 21 岁那年，“始泛舟太湖”[16]，自此开启了他三十多年坚持不辍的漫漫长旅。他家乡周边，是大明王朝的留都所辖地区，钟灵毓秀，众多风景名胜对一代代旅魂游魄们总是充满了巨大的诱惑力。近水楼台，霞客岂能失之交臂？家乡一带的山川与人文胜迹，他必然广泛登临畅游。根据有关记载，像江阴、宜兴、句容等一些地方，他甚至不止一次游览。只可惜，没有游记留传下来。

徐霞客青壮年时期旅游考察的目标地，主要是那些久负盛名、广受关注、历史文化积淀较为深厚、各地各时代的人们普遍向往的名山胜水，后人将他这一时期的出游归结为“问奇于名山大川”。天台山、雁宕山、黄山，他数次登游。泰山、嵩山、华山、五台山、恒山、武当山、武彝山、白岳山、九华山、鄱阳湖、九鲤湖等，他先后作过游览。他很多次旅经浙江、福建，其间有两次大范围游历了福建各地。他旅游生涯早期就“历齐、鲁、燕、冀间”[17]，他的身影留在了舟山群岛上的普陀落迦山、岭南广东的罗浮山、长城边燕山山脉中的盘山，也曾“系缆西子湖”、“试浙江潮”[18]，其他还有不少地方都烙印着他的足迹。仍旧遗憾的是，他游历过的家乡周边以外南北大地上的很多地方，还是没有游记流传下来，人们只能从他后来所写游记的只言片语和友人的记载中，略略窥知几丝信息。

从20岁出头走到近50岁，霞客身历目览的自然景观和人文事象，实在已经很多，足可傲世了。那么，他满足了吗？没有。他还有一个久久萦绕于心怀而始终未达成的宏愿：远游西南。

霞客一次次表达过要旅游考察西南地区的愿望。他在泰昌元年（1620）的《游九鲤湖日记》中说："余志在蜀之峨眉、粤之桂林，……"[19] 在天启三年（1623）的《游嵩山日记》中又写道：他"久拟历襄、郧，扪太华，由剑阁连云栈，为峨眉先导"[20]。就是说，他早就打算经湖北、陕西，过秦岭而游四川峨眉山。46岁那年，他与挚友陈函辉挑灯夜话，陈函辉问他长时期穿梭漫游是否已生倦怠之感，他回答说"未也"，坚定地表示要再度出发，进行一次远游，"粤西、滇南，尚有待焉"。[21] 这之后4年，他终于踏上了西南之旅，游记开篇第一句就写道："余久拟西游，迁延二载，老病将至，必难再迟"[22]。很清楚，如果不是因故延迟了两年，他应该在更早时候就向西南进发了。

数省间的跋涉

崇祯九年（1636），徐霞客50岁。

这年九月间，他梦想已久的西南之旅终得成行。告别了家人，也许在家门前的胜水桥上有过短暂的驻足，而后他踏上了征程。还好，霞客这次不是只身远行，家乡迎福寺有一僧人静闻，刺血写了《法华经》，愿将经卷供奉在云南鸡足山。机缘巧合，他们于是结伴而行。此外，还带了一个仆人顾行随行。这一走，耗时近4年，跨涉从家乡到西南的好几个省区，沿途开展了富于深度和广度的综合性旅游、考察活动，从而攀上了他人生事业的顶峰。这被称为“西南万里遐征”，是霞客人生中最为人们称誉的一次壮游，也是中国古代文人壮游和野外考察史上无人可比的壮举。

“西南万里遐征”首程，是他的家乡——今天江苏东南部。一路舟行，数日间过无锡、苏州。这片地方的山山水水他已是那样的熟悉，一座座城市一个个村庄他多曾进出过，以前出游留下的记忆，随着道路的延伸一幕幕涌上脑海。

小船过了昆山，在今上海市西境黄浦江上游的青浦区、松江区航行了一天，随之进入浙江。

自浙江开始，霞客他们在到达云南前的若干个省区，花费的时间、游览考察的地方就比较多了。

我们就来看一下概况吧：

浙江：前后历21天，涉足浙江北部、西部、西南部，穿行了今嘉兴、湖州、杭州、金华、衢州五市二十来个县（市、区）境。霞客此前多次旅经浙江，这些区域他应该都曾到过，但没有直接的文字记述留下来。这次不同，他沿途多有丰富的活动，并逐日记述描摹。尤其在金华一带，他赏会山水、探寻自然、观察人文社会的方方面面，可谓浓墨重彩。

江西：出发当年的差不多整个冬季都在江西，历时近三月。自东而西横越省境中部，足履及于今上饶、鹰潭、抚州、吉安、萍乡等市的近二十个县（市、区）。赣南、赣北、赣东的一些地方，霞客早些年曾有游历，然而除庐山外，其余的仅可考知一些零星信息。这次却是淹留日久，新旅多地，记述丰赡。

湖南：自湖南开始，接下来的几个省区他以前都未曾涉足过。踏上湖南土地那天，正好是新年的立春之日。整个春天连同初夏近五个月的时光中，霞客出没在三湘大地上，主要以洣水、湘江、潇水、耒水为轴线展开相关的游览考察，北上衡山，南登九疑山，身影留在了株洲、衡阳、永州、郴州四市的二十多个县（市、区）境。

广西：公元 1637 年孟夏时节由湘江入桂，次年三月底离境，历时三百五十多天，投身于桂林、柳州、贵港、玉林、南宁、崇左、百色、来宾、河池九市四十余县（市、区）境。已历四季的漫长时日中，霞客涉猎了广阔的地域，身历目览各地域复杂多样的自然、人文社会景象。

贵州：公元 1638 年春夏之交入黔，在黔境度过了四十余天，跨涉黔南、黔西南、贵阳、安顺、六盘水五州市约二十个县（自治县、市、区）域。在黔时间不算太长，有着长时期野外考察经历的他，却遭遇到不少特殊情况，让他一次次面对行路难的考验。路虽难行但不改初心，他观赏大好风景，对贵州的自然和人文社会进行了多层次、多角度的探寻。

一路波折

霞客自从离家，算来已经一年多了，走过了好几个省区。读他的游记便知道，很多时候很多地方他走得确实有些急。怎么能不急呢？他就想多走，多看，多思索。没去过的地方要争取去，有些去过的地方再次去，这是他一直以来的作派。这一次遐方长旅，半百年岁发轫，每一天在路上，自然老是期盼着下一个远方。

但是，霞客必然不会只是简单的过路。事实上，他的行程都排满了丰富多彩的活动，最多、最经常也最重要的，是领略各地的大好风光，观察人文社会，探寻自然奥秘。

他在各地有意识地选择一些重点对象作游览考察，途中路过的景物景象也不轻易放过。那些大大小小的河流，它们发源于何处？流向哪里？与其他河流如何分合？水量水势呈现为怎样的状貌？凡此等等，他常要探个究竟，每每为此而登高钻壑。他穿越了多样复杂的地貌区域，尤其地上地下缤纷奇异的岩溶地貌景观引起了他考察探究的强烈冲动，因此而投入了大量的精力，取得了许多超越前人的开创性成就。他出入众多城市和大量乡村，关注诸如城市的山水环境、城池、街道、市场、民居、官署，以及村落的位置、规模、形态、居民生产生活，成了他习惯性的行为。他太过于钟爱碑刻、摩崖、明贤遗迹等，显见易识的自不必说，哪怕隐没在荒野草石苔蔓间，也常想方设法费力用情地寻访、凭吊拜谒、鉴赏、抄录、拓印。他穿行于一个个少数民族区域，留心他们的风俗习惯、建筑、生活环境等，在湖南南部已涉猎瑶族的生产生活，在广西一次次置身壮族、瑶族的聚居区，到贵州经行于布依族、苗族、仡佬族聚居区。他在沿途访友、交友，与很多人士一见如故，演绎出一段段精彩而富有意义的文化交流佳话，这些人士有宗教人士、地方官员、社会贤达、教书先生和读书人等。

行程中那些看似琐碎的事，霞客也都放在心上，写入游记。比如每天的天气状况及其变化，上船下船的码头及河流的航运情景，所经过的或了解到的两地之间的里程，投宿旅店及食宿情形，如此等等。钱谦益说他游记中有的内容“如甲乙之簿”[23]，其中就包括了这些。其实，这些流水账式的记述很有价值，实录了当时具体时空中天、地、人的情态。

霞客的旅途一点也不平静，备尝种种酸甜苦辣。日复一日起早贪黑地跋涉，十分艰辛却收获满满，他乐此不疲。风雨寒热、简餐陋卧，本就是他野外旅游考察的家常便饭，对他来说自然算不了什么。即使像在黔东南曾“无茅无饭而卧”[24]，随后不久藏着的一点路费又被担夫窃去，类此情形也没有构成大碍。

他旅途中多次遭遇盗匪，最为险恶的有两次，让他徒叹奈何，甚至于差点断送了他美好的“遐征”事业。

第一次是出发那年腊月初，霞客在江西吉水县搭乘一只小船，刚要挂帆启程时另一只船驶来，那船上假托解送官银的棍徒咆哮叱骂，势如虎狼，痛殴并绑缚了霞客船上的船夫，船夫的一应物件后来被洗劫一空。霞客的行囊被搬到了那船上，别无他法，他冒险登岸求救于当地保长，行囊才得以归还。

更为惊险的一次，发生在接下来的一年。农历二月间的一天，他从湖南衡阳乘蓬船逆湘江南下途中，傍晚靠岸停泊，众船客宿于船上。入夜二更时分，阴云四布，他们遭遇了盗贼。“群盗喊杀入舟，火炬刀剑交丛而下”，那帮人满船“刀戟乱戳”，船上人“无不以赤体受之”。霞客后来才知道，包括静闻和尚、顾仆在内的好几个人被砍伤，一艾姓船客还遇难身亡。“乱刃交戟之下”自己未受创伤，他甚感庆幸。当时他本想从船尾跳水，被盗贼堵住，只得与其他几人一起奋力掀开船篷，来不及考虑后果便投入江中。他跳水时绊到竹纤，连同船篷一起倒翻下去，头部先触及江底。急踊起身后，逆着不很深的江流走一段，得邻船相助，到四五里开外停下来。回身远望，“火光赫然”，盗贼放火烧了他们的船。他脱险后无衣蔽体，邻船一戴姓人脱了一件内衣、一条单裤给他穿。劫难之余，他随身携带的大多物件，许多被抢走，有的被焚毁或遗落江中，还好静闻冒险为他从盗贼刀棍下、从水火中救下一小部分。他视为珍宝而不可复得的一些书籍、信札没有了，质料好的衣物没有了，装着旅途盘缠的竹匣情急时投进江中，后被静闻捞回却已空无一文。

经过如此劫难，“遐征”事业还继续吗？霞客铿锵写道：“不欲变余去志！”只是盘缠全失，实在无法再往前走。他只好先回衡阳城，另作打算。经过好长一段时间，费了很大周折，他以田租抵押的方式托城中一个家乡人勉强借得一点游资，才又启动了他从湖南赴广西的旅程。[25]

霞客入滇路线的选择和最终走法，曾历几番波折。

他本来筹划经广西进入云南。湘江被劫，筹措游资问题很是棘手。他一个族叔在湖北荆州做官，有人就劝他去向族叔告求资费，再取道荆州入滇。前路迢遥，坦险难料，到底该走哪条？那就姑且求问神灵吧，他于是在衡阳城湘江边上一座水府殿内抽了一签，“以从荆、从粤两道请决于神”，结果“从粤大吉”。[26]这吻合了他此前的想法，由此坚定了从广西走的决心。“请决于神”的举动，映射了那时他内心难解的纠结啊！

到了广西，他计划经广西西部，从云南东南隅入境。行至今崇左市境，得知前方路途所经地区动荡不安，很多人劝他“须由南丹至贵州”[27]。他难以决断，到当地一神庙求了一签，答案似乎不明确，就还是继续往前走。再到今百色市境，当地若干土司争斗构乱，甚至有的勾结越南势力为乱地方，路途随时隐伏着危险。他又了解到滇东南沈、李两姓土官“交攻不已，各借交夷（指越南人——引者）泄愤，道路为阻”[28]。此种情形下，不得已只好中途返辙。他先折回南宁，再旅经桂北，经黔入滇。

徐霞客就这样一路走来。哪怕从某些角度上只把他到达云南之前的这一路看作过程，这过程已然如此精彩。较之以前的游历，在这一可谓漫长曲折的过程中，他旅游的境界更加提升，对自然与人文社会的考察更多、更深入、更科学，探索精神更加显现。

崇祯十一年（1638）五月端午节后几天，徐霞客以大地理学家、大旅行家、大文化人的饱满形象，投进了滇云大地的怀抱。有了此前长时期丰富、深厚的积累，他人格魅力和旅游考察事业更加绚丽地绽放，已足可期待。正如预期中的那样，接下来的一年零九个月时间中，他在这片土地上展开多方面异彩纷呈的活动，取得了一生中最为辉煌丰硕的成就，攀到了人生事业的最高端。

溯源究委：千里追寻盘江

徐霞客自从踏进当时被普遍视为畏途的西南地区，有一些事物就长期萦绕在他的心间，他倾注了极大的心血和智慧去探寻。

他千里追寻盘江，取得了不仅属于他自己，同时属于那个时代、属于历史的成就。他的考察留下一些遗憾，但他几乎达到了他那个时代的极限，他的形象立体而饱满。

钟情盘江

徐霞客自从踏进当时被普遍视为畏途的西南地区，有一些事物就长期萦绕在他的心间，他倾注了极大的心血和智慧去探寻。这其中突出的一个例子，就是对盘江的追踪考察，它堪称徐霞客几十年野外考察，尤其是关于江河源流考察的典范。

徐霞客何以对盘江“情有独钟”呢？

徐霞客自幼铸就了深厚的学养，一投身到野外，就表现出浓烈的科考意识和饱满的科考精神，而江河源流及水文状况始终是他科学考察的一个重点。盘江流经若干省区，出没于崇山峻岭之间，源流曲折，分合复杂，所关涉的问题具有典型性。然而，包括朝廷主持编修的《大明一统志》以及各地地方志在内的诸多文献，对盘江源流分合的记载，确实没有哪一种是较为系统、全面而准确的，它们记述简略含糊，内容支离破碎，有这样那样的错误，往往互相矛盾。徐霞客从广西一路走来，谜团一个接一个，有的在抵达云南之前已经有了正确答案，而一些根本性的问题始终困扰着他，这些问题只有到了盘江发源地的云南才最有条件破解。他探索事物执着、较真，不轻言放弃，为了目标勇于拼搏，舍得冒险，不辞辛劳。如此，花大力气考察盘江就成了一种必然。从广西到贵州再到云南，盘江搅动着徐霞客思索的神经，牵系着他迈步的方向。盘江的源头到底在哪里？盘江在云南流经些什么地方，从哪儿流出云南？南北盘江的下游流向何方？盘江的水文状况如何？如此等等的问题，缠结于他的心中。

徐霞客在到达西南之前，就已经探究着盘江源流、分合的问题了。《粤西游日记三》中记载道，他曾撰有《复刘愚公书》文稿，与其讨论盘江问题，可惜“其稿在衡阳遇盗失去”，只好设想等到“身经其上流”，再与刘愚公面对面探讨。[29] 在广西期间，他更为关注盘江，试图考证它的上源，厘清它的下游分合，观察它流到广西境内的水势等等。《粤西游日记二》《粤西游日记三》《粤西游日记四》中，都有关于这些问题的记述，并依据有关文献和所历所见，专门就这些问题撰写了三四个考证性短篇。

在贵州，他从北盘江中游地区穿行。北盘江的一条支流叫白水河（今名打帮河），著名的黄果树瀑布就在这条河上。徐霞客跋涉于河谷中，流连忘返，神情飞扬，饱览了包括黄果树瀑布在内的大瀑布群。游记中写道：瀑布声响如雷，“溪底翻崖喷雪，满溪皆如白鹭群飞”；“一溪悬捣，万练飞空”，从莲叶般的石幔上倾泻的瀑流“捣珠崩玉，飞沫反涌，如烟雾腾空”。[30] 他在关岭县境从“望之缥缈”的铁索桥上渡过汹涌的北盘江。桥下江水自北而南奔流，江面不太宽阔，水流却很深，“浑浊如黄河而甚急”。他当时颇为疑惑：“万山之中，众流皆清，而此独浊，不知何故”？[31]

此外，旅经黔西南地区今盘县等地时，霞客也考察了汇入北盘江的好几条河流，并曾几次涉水钻进暗河中去探寻。

长途追踪

徐霞客在广西、贵州、云南三省间，大范围、长时间关注盘江，追踪探寻盘江，但目标最明确、用力最多最集中，且取得丰硕成果，乃是在云南。南、北盘江比较，气力又主要花在南盘江。他崇祯十一年（1638）五月初十日踏进云南，此后直至同年九月底，行经滇中，南下滇南，迂回滇东，盘桓于云贵错壤地带，随即第二次投身今曲靖市沾益区周边地区。四个多月间的这一游程，居然是一个几乎闭合的不规则椭圆形。千里跋涉，兜绕大圈子，此举有何玄机？实际上，核心就是追踪考察盘江，尤其是南盘江，这从他的游记中清晰地反映了出来。

我们先来看看徐霞客这四个多月间的大体行程：

关于霞客入滇之初大约三个月中的旅游考察，如今已只能知道一个概略情形。本来，正如季会明所说，《滇游日记一》所记“正入滇之始，奇遇胜游，多在其中”[32]。但今天人们已读不到它。徐霞客辞世前，把他的游记手稿托付给家塾季会明整理，经一段时间后即完成初步编校。公元1645年七月间，季会明宗族中一个叫季扬之的人，因战乱避处舅舅徐虞卿家，去拜见季会明，见到《徐霞客游记》，就拿了《滇游日记》一册去读。不想没过几天，徐虞卿家遭难，庐舍被盗贼放火焚毁，那一册游记自然成了灰烬。因此，今本《徐霞客游记》中，缺《滇游日记一》。

《黔游日记》所记最后一天，为1638年五月初九日，这天霞客投宿贵州通往云南驿道的最后一个驿站亦字孔驿。根据霞客《盘江考》等资料的记载，他应是初十日从云贵交界处的滇南胜境关（今仍名）进入云南。

霞客入滇后踏勘的第一片地域，就是盘江源头地带。依据《盘江考》的一些记载，以及《滇游日记三》透露的一些信息，可大略窥知他的有关考察活动。

游记中读不到直接记载，但他应该是经过平夷卫城（今富源县城），而且很可能还停留。《盘江考》说，霞客入滇后“西至交水城东”[33]，这说的应该就是他从今富源县往西走，到达交水城（今沾益区政府驻地沾益城）。

交水城东，“中平开巨坞”。坝子中间“三流纵横其间，汇为海子”，称为交水海子。[34]所说“三流”，应即南盘江干流、白石江、潇湘江。交水海子当时的水域面积颇大，霞客见到的是“汪洋涨溢”[35]的态势。它北面起自白石江汇入南盘江一带，南面到石堡温泉以南。明代其他文献对它怎样记载呢？《大明一统志》直接缺记载。正德《云南志》记载：“东海子：在城东五里许，轮广五十余里。每秋雨水生，汪秽浩淼。”[36]此后的万历《云南通志》、天启《滇志》、顾祖禹《读史方舆纪要》、顾炎武《肇域志》都记载有东海子，文字大体与正德《云南志》相同。东海子就是交水海子，霞客的记述让我们知道了它的另外一个名称。这个名称应是霞客从当地人那里得知的。这海子早已不存，是沧海变桑田的一个典型例子。

霞客说，他“憩足交水”[37]。他在交水城停留的时间应该相对较长。《滇游日记三》记载，他第二次到交水城，“投旧邸恭起潜家”[38]。我们由此知道了他在城中的住宿地点。恭起潜是一安置土司，应算是当时交水城中较显赫的人物之一。他的先世恭项，明初为麓川宣慰司的一个部属头领。正统年间，王骥征麓川思任发，恭项归顺，并为王骥军作向导。后被授予陇川宣抚使职。不久因陇川内乱，恭项以宣抚使安置曲靖，居交水城。他熟悉交水一带的情况，霞客选择他家歇脚有利于调查访问。

霞客后来从交水城往南，过白石江，进曲靖府城，再出府城南门，前往石堡温泉，又从石堡到了陆凉州（今陆良县。明代陆凉州城在今旧州。今县城中枢镇明代为陆凉卫城，清康熙年间，裁卫归州，州治迁至原卫城），期间两次坐船。《盘江考》说，他在交水城时，“闻曲靖东南有石堡温泉胜，遂由海子西而南”。又记载道，“有船南通越州，州在曲靖东南四十里。舟行至州，水西南入石峡中，悬绝不能上下，乃登陆。十五里，复下舟，南达陆凉州”。[39]陆凉州城之后的行程呢？很可能往西南前行，取石林、宜良、嵩明一线入省城，只是他的记述所留下的痕迹太少。

从踏上云南开始，霞客第一次在曲靖府境内各处活动的具体时间，今已不得而知。整个行程，大体应在农历五月初十以后的一段时间，有可能到六月初才出境。

徐霞客出曲靖境后，到了省城昆明。接着经今晋宁、江川、通海、建水等地，到石屏。而后从石屏往东，过建水、开远，再往东北进入弥勒、泸西。今泸西县城当时为广西府城，徐霞客在那里滞留的时间较长。

中秋节刚过的八月十六日，霞客第二次踏入今曲靖市境这片地方。之后直到九月二十三日，除开中间四五天跨入黔西南境域外，都在曲靖境内旅行考察，时间超过一个月。今师宗、罗平、富源、马龙四县和麒麟区、沾益区都留下了他的足迹。

霞客追踪探寻盘江的行程，从广西府城开始，今存游记清晰地呈现了出来。这里，我们有必要来看看他的行程：

中秋节前一段时间，霞客在广西府城。今存游记记述的第一天为八月初七日，从他的记述可知，之前他就已来到这座府城。八月十六日，他从广西府城启程，一路向东北方向走。当天中午时候，就进入今师宗县境内。十七日一整天和十八日上半天在师宗。

十八日到今罗平县，在罗平县城停留了四天半。二十三日离开县城，当晚住三板桥（今板桥）。二十四日在县境东部跋涉，过村寨，趟溪流，翻高山，下深谷。当晚到达黄泥河（那一段也称江底河）边今老江底。随后进入今贵州兴义市境。

二十九日晚，重新折回云南，当晚住宿在今富源县黄泥河镇补掌附近一个叫碧峒的地方。那是一个小村庄，地处云贵两省交界。九月初一、初二两天，他待在碧峒。初三日晚，住黄泥河（今仍名）。初四日晚住羊场堡（今黄泥河镇西隅小羊场）。初五日在亦佐县城（今富源县富村乡亦佐村）吃中午饭。明代设亦佐县，今富源县东南一片当时属亦佐县，徐霞客九月初的几天就在亦佐县活动。

出亦佐县城后，往西，到达罗平、亦佐交界地带，傍晚渡过块择河（《游记》作“拐泽河”，《明史·地理志》作“块泽江”），住宿在鸡场（今罗平县北端富乐镇小鸡场）。初六日，在桃源村（今仍名，在罗平县北隅，属富乐镇）吃中午饭，晚宿今麒麟区东南隅独木水库边的马场。

初七日过今麒麟区东山、越州、茨营等地，到达石堡村住宿。

初八日，先在石堡洗温泉。这温泉他第一次进曲靖时就洗过，这次洗时他感觉“较之前浴时觉甚烈”[40]。洗过温泉后，他往北行，入曲靖府城，在城中一家面馆吃午餐。而后出府城东门，游览了东门外的东山寺。再后经城北的演武场，过白石江，下午抵达交水城，“投旧邸恭起潜家”。

重阳节那天，他因连日奔波，旅途劳顿，在恭家小楼上休息，并补写几天来的游记。下午，主人带了菊花和酒到他房中品酌，“不觉陶然而卧”。接下来两天，仍停留恭家。游记中说，他本来想从沾益州（州治即今宣威市治），一并把北盘江源委探个究竟，但到了交水城后，“恭起潜为余谈之甚晰，皆凿凿可据”[41]，于是改变计划，由寻甸前往省城。

十二日，出交水城，往西南上了曲靖府城西面的翠峰山。此后直到二十二日，才离开翠峰山。

二十二日大半天和二十三日大半天，旅经马龙州（今马龙县）境。

多种方法并用

徐霞客为了考察盘江，长途大范围迂回穿行。那么，他是怎样考察盘江的呢？

第一是亲历南盘江源头区域。徐霞客从进入云贵交界地带开始，考察盘江的力度陡然剧增。他一路向西北，很快来到了南盘江源头地带。离南盘江发源处最近的一个城镇就是交水城，他两进两出交水城，以交水城为基点进行考察。他翻越交水城东南面的山岭，审度山脉、水流的走向及分合。往北他大概到了炎方（今仍名），那里离现代地理学勘测的南盘江发源处直线距离已经只有几公里。他徜徉于交水城东面略呈南北走向的坝子中，目睹南盘江等三条河流纵横其间而汇为浅水湖沼的景象。

第二是选取盘江的一些河段、横切面进行观察、勘测。根据徐霞客的考察路线,他进出交水城都必然要过南盘江。由他的记载可知，当时的南盘江，自交水城东往下即可以航行小船。霞客第一次在交水城周边活动后，随即放舟南盘江观览、体验。他从城东的海子上船，顺流而下数十里，在一个无法通航的石峡中登陆。过了那个石峡，再度登舟畅游。可以想见，徐霞客行船于南盘江上游河段，必定是副好心情，这可是他魂牵梦绕的那条河啊！踏勘了交水这一源，他又“闻有西源更远”，于是奔赴滇南，“随流考之”，弄清“其水源发自石屏西四十里之关口，流为宝秀山巨塘，又东南下石屏，汇为异龙湖”。[42]出湖后流经石屏、建水、开远一段名泸江，他在建水城看到“城南临泸江”；在城东北面，他看到有“水自西北来，东南入泸”；再往前走到一个叫金鸡哨的地方，“哨南泸江会诸水，由此东入峡”；入峡后形成地下河，穿过一个名叫颜洞的溶洞，他花了一天的时间游颜洞，探知洞内的地下河“水阔三丈”。[43]在西源与从交水来的干流汇合处附近，他应该有一次横渡江流之举，只是具体情况已不得而知。

第三是多方多地广泛调查访问。徐霞客两次进交水城，投宿的都是一个叫恭起潜的人家。他第二次是在深秋一天雷雨夹杂着冰雹之后的下午抵达恭家，恭家院落内那时居然在“演剧”，他因为衣冠泥湿，直接去了后楼休息。第二天，恭起潜携带了菊花看望霞客，备了酒菜，两人对饮共叙。霞客或以考察者的姿态，或在轻松的叙谈中，向恭起潜咨询、求证有关盘江的诸多问题。恭起潜对盘江有相当程度的了解，而且应该是个很能说的人，他给霞客讲了很多。徐霞客本来想在探寻南盘江江源之后，乘势乘兴，一并亲自去踏勘北盘江源头，可是霞客记载说，因为恭起潜已经给他讲得很明确、清楚，而且都言之凿凿，所以放弃了原先的打算。事实上，恭起潜虽然决不是故意的，但他给霞客讲的北盘江源委是错误的。他的一通讲说，造成了霞客地理考察事业上的一个遗憾，真是成也萧何败也萧何！霞客步履的终端距现代地理学勘测的南盘江发源处，虽说是咫尺之遥，可确实真的就还差那么一点。对于跋涉了千山万水，有着强烈实证理念、怀疑精神、坚韧意志、充沛精力的徐霞客来说，这着实令人有点不好相信。恭起潜的讲述到底有着怎样的魔力，竟然迷惑了徐霞客，“叫停”了这位伟大的野外考察家的脚步？或者，这其中有着后人已经难以猜到的其他原因？或许，我们应该把南盘江的发源地理解为一片区域，现代地理学勘测的发源处只是那片区域的一个核心标志点。

徐霞客到滇南、滇东时，一路上随时随地向当地人询问盘江的情况。比如，去到广西府城，他原以为当地的人们肯定熟悉盘江的流向，然而出乎意料，询问了好多人，始终没碰到说得清楚的，大家“竟不知江所向”[44]。有的把流向弄颠倒了，上游当成了下游；有的说往东北流经罗平再到贵州黄草坝（今贵州兴义市），然后就不知流往何方了；又有人告诉霞客往东南流，经今云南东南部文山州，流到今广西百色地区。各式各样的答案，真有点让霞客云里雾里。当然，后来他追踪考察后弄清了，这些回答都不对。就因为有人给他说盘江“经黄草坝下，即莫解所从矣”[45]，他便产生了到黄草坝一带踏勘的想法，离开广西府城十几天后出现在黄草坝。在罗平州城，霞客经过东门桥时，有个老人盘腿坐在桥上，见他是个外地人，就拉他坐下闲聊。霞客看那老人是当地人，“因讯以盘江”，不承想“彼茫然也”。那老人倒是很热心，拉住另一个人回答霞客的问题，那人竟说盘江“由澄江（滇中地区的一个高原湖泊——引者）返天上”，令霞客啼笑皆非。[46]颇感欣慰的是，他从投宿的店主人家一个亲戚那里，获得了关于盘江流向的一些新认知。在贵州黄草坝，霞客停留了两天，主要活动就是“询盘江曲折”[47]。那两天，他应该是进行了若干场调查访问吧。他的黄草坝游记中，有一个关于盘江流向、分合的专条，专条中的一些内容后来又写入《盘江考》，这正是综合了调查访问成果，而后写成。

第四是查阅、考辨文献记载。徐霞客探究盘江，如同他探究其他很多事物一样，多管齐下，除了用眼睛观察、用脚步踏勘，又稽考文献。他从家乡出发就带着《大明一统志》《云南志》，在广西桂林冒雨去买《西事珥》等书籍，在云南不惜连日坐等、高价购买，千方百计都要弄到《广西府志》等一些地方志。这些文献他在探究盘江时都使用了，书中有关盘江的记载他随时翻阅，很多内容了然于胸。以《大明一统志》来说，霞客从广西到云南关于盘江的记述、考辨文字中，每每提到它，前后达数十次。

多重目标并举

徐霞客数月间迂回跋涉，核心目的是考察盘江。但是，他在野外一贯的风格和做法，是多重目标并举，突出重点又兼顾其余，到一个地方往往就进行综合性的游览考察，争取多方面的收获。这一圈长旅，当然也是这样。因此，除了盘江，他的脚步、心思、慧眼、情感，也投向沿途的其他事物。

他考察城市、乡村。

根据《盘江考》《滇游日记三》等，徐霞客第一次进曲靖地区，到过沾益州流官城（交水城）、曲靖府城，而且可以推断应该也到过平夷卫城（今富源县城）、陆凉州城（今陆良县旧州）。他去滇南，在通海县城、石屏州城、临安府城等停留过。只是《滇游日记一》的缺失，他所作的记载今已读不到。他第二次投身曲靖地区时，住宿师宗州城（今师宗县城）、罗平州城（今罗平县城）、沾益州流官城（交水城），旅经亦佐县城（今富源县富村乡亦佐村）。从游记中可以看出，霞客留心考察这些州、县城的自然地理环境、城池、商贸、民居等等。

广西府城："发果山圆若贯珠，横列郡后。……而郡城当其中环处"。"城之东北，亦有一小石峰在其中，曰秀山，上多突石，前可瞰湖，后可揽翠。城南濒湖，复突三峰。"㊽

师宗州城："在两山峡间，东北与西南俱有山环夹"，所处坝子"纵横而开洋，不整亦不大。水从东南环其北而西去，亦不大也"。"城虽砖甃而甚卑。城外民居寥寥，皆草庐而不见一瓦。"㊾

罗平州城："西倚白蜡山下，……有水自白蜡麓龙潭出，名鲁彝河，东环城。""城东北隅汇水一塘，其下始有禾畦。""州城砖甃颇整。州治在东门内，俱民，惟东门外颇成阛阓。西、南二门，为贼首官霸、阿吉二寇不时劫掠，民不能居。""其城乃东西长而南北狭者也。"㊿

亦佐县城：处海拔较高位置，"计其地犹在群峰之顶"。"县城砖甃，而城外草舍三四家，城中亦皆草舍，求瓦房寥寥也。"霞客的记载还透露出县城的规模并不大，他从东门进城，在县衙前弄午饭吃，饭后"半里出西门"。[51]

霞客此行的游记中，记载了数十个村庄，有几户人家的小村子，也有几十家人甚至更大规模的，有汉族村寨也有少数民族村寨。其中的绝大多数他都踏足过，或从不远处作了观察。他考察的视野，涉及这些村庄的形态、地理位置及生态环境、规模、生产生活、风俗等。现今人们能够读到的明朝或更早时代的文献，所记载的村庄名及其相关信息，没有其他哪一种可与之相比，他的游记成为其中不少村庄最早的文献记述。此举数例：师宗有个村子名大河口，"茅舍数家"位于山坡之下，"为往来居停之所"。[52]罗平东境的山马彝村，"有数十家夹路"，"亦重山中一聚落也"。[53]罗平北部的桃源村（今仍名）为"百家之聚"，

"倚北山而居"，"前有深坞"，"村多木皮覆屋以代茅"。[54]马龙北境有村名保官儿庄（今保谷庄），"溪畴南环，聚落北倚"，"夹路成衢，为村聚之最盛者，此亦平彝屯官之庄也"。[55]

他关注有关历史、社会状况。

徐霞客旅经滇东、滇南时，对有关历史、社会状况进行了一些考察。他到滇南时，那一片地区刚刚经历了一场由一个叫普名声（徐霞客游记中作"普名胜"）的土司引发的战乱，若干年时间内，广阔的滇南"皆其横压之区"，几乎都成了普名声势力控制范围，州县地方官员大多"闻风慑伏"。[56]他了解到普名声及其党徒荼毒生灵、任意鱼肉百姓的种种情状，目睹、听闻一些地方遭普兵蹂躏后残破荒落，好多村庄满目疮痍，战乱后荒无人烟，昔日的交通大道被阻断，一些地方大白天人们都不敢出行，不少百姓流离四方。如"县以江川为最凋，州以师宗为最敝，堡聚以南庄诸处为最惨，皆为普所蹂躏也"。[57]路南东境圭山一带，"今普兵不时出没其地，人不敢行"，以致去路南、澄江的"反南迂弥勒"。"师宗南四十里，寂无一人，皆因普乱，民不安居。"[58]他关注到明代万历年间罗平州改土归流的一段历史，作了记述。[59]他颇为留心沾益州自天启年间以来动荡不安、土知州之位数经更迭的情形，说他去的时候仍"为未定之局云"。[60]而且该州土流分治，"惟土司居州治，而知州之署则在交水"。[61]今富源县东南隅黄泥河当时即是这个名称，"聚庐颇盛，但皆草房"，"土膏丰沃，为一方之冠。亦佐之米，俱自此马驮肩负而去。前拟移县于此，至今称为新县，而名亦佐为旧县云”。[62]

他留心文化事象。

徐霞客对于种种文化事象，往往投以很大的热情和兴趣。在追踪盘江考察过程中也是如此，尤其对宗教文化多所用力。《滇游日记三》记载，他第二次去到恭起潜府邸时，见大门关闭，一开始觉得奇怪，询问后得知恭家“方演剧于内也”[63]，只是因为他当时衣冠泥湿，直接去了后楼休息而未观看。这恐怕是曲靖地区关于“演剧”的最早一条史料。他在广西府城时，数次游览城外的万寿寺。他第二次进曲靖，停留时间最长的地方是翠峰山，共11天。其中一个主要原因是山中寺宇众多，宗教文化吸引着他。他连日出入山中寺、庵，与僧人交流切磋，留意僧人的有关事迹、活动。

他观察、探寻自然。

徐霞客投入了很大的精力，对所经各地的山岳、岩溶地貌、坝子、高原湖泊、气候等等做了大量的踏勘、观察。例如他到翠峰山后，仔细辨析了它的来脉、走向，水流分合，得出一些重要结论：此山“为曲靖名峰，而不著于《统志》”，其“为两江鼻祖”，峰顶“为三面水分之界”，“东北二面俱入南盘，南面入北盘”，“两盘之交错，其源实分于此云”。[64]在罗平一带，他穿行于峰林、峰丛中，“峭峰离立，分行竞颖”的胜景让他喜不自胜。他由此对这种岩溶地貌在我国西南的大范围分布状况做了概括：“盖此丛立之峰，西南始于此，东北尽于道州，磅礴数千里，为西南奇胜”。他认为罗平一带的峰林、峰丛景象为“西南之极”。[65]

他很留意气候状况。霞客从滇南的广西府，再绕行滇东、黔西南，时间大约为八月上旬至九月初。气候状况如何呢？他的记载令人印象深刻：长时段连天阴雨。在广西府城那些天，经常碰到下雨。他的一些活动，还曾因雨而有变化，如八月初八那天，广西府何通判收了他的书信后想约见他，“以雨不往”。[66]投宿师宗营房时，营兵告诉他：“罗平自月初即雨，并无一日之晴”[67]。从八月十六日下午他踏进师宗境，至二十四日晚东渡黄泥河离开罗平，天天下雨，有些天还下了数场雨。阴雨阻隔，迫使他在罗平城呆了几天。去黔西南那几日，依旧阴雨连绵，二十四日入夜“雨复淋漓”中渡过黄泥河，次日“雨时作时止”，随后一天“风霾飘雨”，二十七日“雨犹不止”，二十八日“终日雨涔涔”。[68]二十九日“晨雨霏霏”，“途中忽雨忽霁”，傍晚进入今富源县东南部，夜幕降临时“山雨复来”[69]。九月初一至初八，旅经今富源县中部、罗平县北部和麒麟区，除初七那天天晴外，其余天天下雨，初一、初二、初五几天更是夜雨达旦不休。九月九日至十一日三天在沾益，头一天“高风鼓寒”，次日“寒甚，终日阴翳”，“下午复雨，彻夜不休”，第三天仍是雨天。[70]九月十二日上曲靖翠峰山，二十二日离开，无日不雨。尤其十四日“雨竟日不霁，峭寒砭骨”，十八日“彻夜彻旦，点不少辍”，十九日“晦雨仍如昨”。[71]那一年气候反常吗？还是那一个时期都如此？

艰辛困顿的旅程

徐霞客的这一圈野外考察，多数时候吃住行的条件都很不好。他一路奔波遭遇了不少具有挑战性的情况，常常冒着危险，伴随着种种艰苦困顿。

徐霞客去滇南，好长一段时间置身于战乱余波，游记中一次次流露了他的体魄及心灵深处所受的创伤。更让人们肃然起敬的是，一介布衣的他，对地方官员慑于普名声的淫威而丢弃了保境安民的职责，进行了谴责，对因战乱而引起的社会不安定状况表示了深切的忧虑，对遭受战乱灾难的“小民”表示了深深的同情。[72]

霞客探游盘江西源地下河流经的颜洞那天，让他铭心难忘，他感叹说，平生遍游天下，“斯为最厄矣”！[73]他在滇南一带的游记后世已不存，我们没法知道那一天到底具体发生了什么,但显然他经历了超乎寻常的窘迫困境，他的遭遇或许与战乱后遗症有关。

这之后不久，中秋节第二天，阴雨淅淅沥沥地下着，霞客穿行在广西府城和师宗州城间的山野里，到处荒茅荆棘，“寂无片椽”。夜幕降临，可是他预定的目的地师宗州城不知还在何方，只好在昏黑中高一脚低一脚地赶路。夜色中遇到一老人和一儿童，霞客就跟在他们后面走。这时顾仆和他走散了，他高声呼找，“老人辄摇手禁止，盖恐匪人闻声而出也”。道路泥泞，方向难辨，顾仆去向未知，而那老人竟也不清楚师宗城的远近。霞客后来回想跟着那一老一少走的情形，不觉有些莽撞、冒失。走了好久，听到“犬吠声隐隐，真如空谷之音”。夜深了，总算到达师宗城，四下找住处，敲了几户茅草人家的门，都不开。再找到一户还亮着火光的人家，先被断然拒绝，霞客就站在门外不离开，过了好半天，那户人家大概已经判断出这个旅途劳顿而显得有些狼狈的人不会是歹人，才开了门让他进去。他煮了点友人馈赠的粉糕吃完，“濯足藉草而卧，中夜复闻雨声”[74]。雨声错落拍打着茅草屋的这一宿，霞客的梦境可曾斑斓？

接下来的一天，仍旧是个阴雨天，“泥深及膝，出门即仆”。霞客原打算赶到罗平城，中午“冷餐所携饭”。走到一个山冲，已是下午，离罗平城却还有几十里。打听到附近有个营房可以投宿，就想投奔那里，但却不知它的具体位置，“四顾茫无所见”。正走着，忽然间“五六人持矛挟刃而至”。接着是略带几分紧张气氛的简短问答：“营房何在？”“已过。”“可宿乎？”“可”。随后那帮人横架着他就往回走。原来，这帮人刚巧就是霞客想去投宿的那个营房的士兵。营房建在一座小山峰顶上，“茅舍如蜗，上漏下湿，人畜杂处”。营兵告诉他，在那片山野中，这样的住宿条件已经很好了。峰头用水艰难，他“以一掬濯足而已”。[75]

随后在滇东、黔西南的一段日子，徐霞客有许多天也都是投宿在茅草屋人家，“藉草而卧”，“拥青茅而卧”，“卧湿草”，甚至“卧无草”。他当然是能吃苦耐劳的人，只是，一天的野外奔波之后，要是能有暖和、干燥的休息睡眠地方，该多好啊。

又一个雨天，徐霞客来到云贵两省交界的黄泥河边。他看到河东岸有摆渡的小船，连连呼喊，然而竟没有人理会他。傍晚时分，雨停了，对岸走出一人，说道：江水上涨，难以摆渡，必须多人撑船才可以。其实，这不过是乘霞客急迫的情势找借口，多索要一些费用而已。又过了好一阵，有五个人才划着船过来，可是船却不靠上岸，其中一人先涉水上岸，变着法子向霞客索要了高价，才让他上船，这时天已经黑了。到了东岸，投宿在一户人家，那家女主人先索要银钱，才给他弄饭吃，而饭菜质量差数量少。更让霞客感到气愤的是，女主人还奚落侮辱他，与几个轻狂少年取笑他老迈。

徐霞客在云贵交界地带作了一番考察后，决定二进交水。翻越交水东南数十里的山岭时，他幸运地与一次危险擦肩而过。他越过一个山冈，坐在一块大石头上稍作休息。忽然，有一人从西边岭上急驰而来，经过他身边时告诉说：“可亟还下山宿。前岭方有盗劫人，毋往也”。那人的夫人随后跟上来，也说了类似的话语。霞客仰看天色，太阳还高挂天空。他心里嘀咕，前些日子整天奔波出入于人烟稀少之地，野兽出没，鬼魅横行，有些天深夜尚置身野外，也都没遇到太大的危险。现在是大白天，东西两边山之间村庄也不少，难道反而会有盗贼当道？他将信将疑地反问那人：既然有盗贼，你们如何得以来到这里？那人回答说强盗正在扒别人衣服的时候，他们夫妇二人绕道过来了。霞客对那人所说的还是有些怀疑。他想，就算真有拦路抢劫的，今天返回山下住宿，又怎能保证他们明天不再劫路呢？况且，盗贼抢劫之后，不会再呆在那里。于是，霞客便继续上路，向那据说有盗贼拦路抢劫的山岭上走去。"夜色已暝，明月在地"，他到了石堡村投宿。店主人告诉他，白天岭上抢劫的事是真的，就发生在霞客经过那里的前后一段时间，被抢劫的就是邻居。他们去山上打柴，"数贼自山后跃出，剥三人衣，而碎一人首。"霞客听得神情紧张，为自己的幸运感到高兴，不由得对那夫妇二人从内心深处升腾起一股感激之情，为曾经有些误解他们的好意而心生愧疚。[76]

经夏历秋几个月的风雨兼程中，徐霞客也曾经受到过热情的接待，感受体验了真挚朴实的民风，与不少村夫野老结下深情厚谊，哪怕在一些偏僻的小山村，也是如此。八月下旬的一天晚上，他投宿在云贵接壤地带靠贵州那边的一个村子里，主人姓陈，家境着实贫寒，但对客人重情重义，见了霞客进门就烧柴火给他烤湿衣服。他在游记中重重地写上了一笔："虽食无盐，卧无草，甚乐也！"[77]又有一天，滂沱大雨中，他入宿今富源县黄泥河西隅岭头小村子"竹床竹户"的一户人家，进得家门，主人用树枝荆棘烧了火，端上热腾腾的笋子，让他“竟忘风雨之苦也”。[78]还有一天，他在不辨方向的夜幕中，钻过丛生的荆棘，摸到云南边境上一个叫碧峒的小山村。因为连绵的阴雨，难以出行，霞客在那里停留了三晚两个白天。头一天起床后，他本来打算要走，主人劝他说，前方二十里你要横渡的那条河流，这些天因为水流上涨，没有船能够摆渡，必须稍作停留等待。第二天，水势更加上涨，主人又劝霞客留下来，并告诉霞客：“明日为街子，候渡者多”，他要去赶街，到时与霞客一同渡河。[79]主人对霞客朴实无华的关照不言而喻。两天中，霞客坐在火塘边，火上煮着粥，主人偶尔讲一些山里村间的故事，他自己则不时生发一些遐想。这个村子今天叫笔冲，分为东西两个寨子，东面的寨子居住着清一色的水族。

徐霞客从来不是追求物质享受的人，白天观览物象景致、探寻事物，充满快乐和收获；夜晚投宿穷乡僻壤，只要主人热情好客，就能让霞客没有盐巴的饭菜也香，湿草中的睡梦也甜。

成果卓著的野外“作业”

徐霞客这一千里大回环的野外“作业”，成果卓著。他对盘江的考察，前无古人。第一，他的脚步，他的目光，他游记中记载的盘江水，离后世认定的南盘江从地下出露的主要出水口，已经仅有十几里。要知道，今天人们所知的南盘江源，是在霞客踏勘三百多年之后，上个世纪中后期现代地理勘测的结果。事实上，我们可以把盘江源理解为一片区域而不仅只是那个主要的主水口。若依此，那么霞客考察盘江源的意义、价值就更加凸显。第二，他溯流而上，到了南盘江西源的源头。又顺流而下，在两源交汇处渡江。由此，他能够通过流程等方面的比较，准确判断出哪一条是南盘江的正源。第三，滇中、滇南、滇东、黔西南的崇山峻岭间，奔流着众多的河流，镶嵌着不少高原湖泊。霞客对它们与盘江的关系，多数都通过考察得出了正确结论。他在滇东、黔西南、滇中等地带，翻越一座座山峰，弄清了南北盘江的一座座分水岭。第四，霞客考察之后对盘江的记载、论证，不管是文字数量，还是质量，远远超越了他之前的任何人，他之后直到民国时期的长时间中，也无人能望其项背。同时纠正了《大明一统志》等文献关于盘江的诸多错误。他数月间按日而写的游记，其实是以盘江贯穿起来的，“盘江”是绝对的关键词。他的《盘江考》，堪称经典，即使用今天科学论文的眼光去审视，依然不逊色。正因为如此，它自问世以来，被很多文献专篇收录。此外，徐霞客此行的收获是多方面的、丰富的。直面战乱阴影笼罩的旅途，引起他的思考。经停十几座城市和大大小小的众多村寨，它们兴衰有别、景象不一。各地真切的经济生产情形、百姓鲜活的生活场面牵动着他的思想、情感。

当然，科学无止境。主要由于一些客观因素，徐霞客的盘江考察并非完美无缺。他考察南盘江江源后，原打算一鼓作气，亲自踏勘，弄清北盘江的源头。但在交水城，恭起潜给他讲了北盘江的情况，看起来清清楚楚，确凿有据，于是取消了原来的计划。后来，沿途虽然征询过不少当地人，他还是相信了恭起潜的说法，以至于在北盘江的源头问题上发生了错误。另外，由于徐霞客没能踏旅滇东南，因而沿袭明代其他人的说法，认为南盘江进入广西后为右江，而实际上南盘江与广西右江没有关涉。

一个富有重要意义的目标，一颗求真求实的心，一个探索者的形象，一路坎坷艰危，一路浓浓的人文情怀，……这就是入滇之初的徐霞客。他千里追寻盘江，取得了不仅属于他自己，同时属于那个时代、属于历史的成就。他的考察留下一些遗憾，但他几乎达到了他那个时代的极限，他的形象立体而饱满。

探山问水：巡游滇池周边

霞客就要去游西山了。这山，他早已是牵心萦怀，急于登览的心情不言而喻。可是，怎么游呢？一般游客的游览方式显然不会令他满足。他想的是，要在那些山水旅游大家的足迹、视野之外，有更多的斩获。

不一样的西山游

裹挟着夏日的热雨熏风，徐霞客一路风尘，踏进了省城昆明。

昆明周边的山，名气最大的要数西山。它高矗滇池之滨，向来为风景名胜地。唐代以来，有太多的地方文献和文人们的诗词，都记载它，描摹它。它又称碧鸡山或太华山，这两个名称透着很重的书卷气，读书人往往喜欢使用。

到昆明的文人雅士或旅魂游魄们大凡是要登西山的。其他的且不说了，你看，霞客最为仰慕的前辈旅游大家之一，那位足迹遍于天下的王士性，《泛舟昆池历太华诸峰记》写得那样地引人入胜。杨升庵更是与这座山结缘，曾筑屋山麓高峣，读书著述于其间，度过了既晦暗又明丽的许多岁月，山上的草木崖石间浸染了他博学风雅的气息。

霞客就要去游西山了。这山，他早已是牵心萦怀，急于登览的心情不言而喻。可是，怎么游呢？一般游客的游览方式显然不会令他满足。他想的是，要在那些山水旅游大家的足迹、视野之外，有更多的斩获。

公元 1638 年夏天的一个清晨，霞客从昆明南城门外出发，往西南行至今篆塘附近登舟。而后穿行于滇池北部茂密深长的芦苇丛中，在西山脚的码头高峣大村子上岸。

岸边不远处，有杨升庵祠。这使得霞客一上岸，神情立刻肃穆。这位状元先生，名满朝野，因为得罪朝廷，被贬谪到“蛮荒瘴疠”之区云南。读过他的很多文字，听过他在云南各地的传奇故事，现在就要置身一个他几十年前朝夕栖息的“现场”了，兴奋自不必说。可是，心中也同时涌起酸涩的滋味。脚步且轻一些，慢一些，凝神屏气感受那特殊的气息。到处仔细看看吧，这位先贤居处的地方，不管遗留着什么印痕，会把过往的情和事无声地激活。在祠中选一个地方静静地落座，与状元先生进行一次穿越时空的对话，裸呈灵魂，倾诉心声。是的，他们两人之间有太多的共同话语，然而，岁月的河流隔断了他们的身影。于是霞客只能以一个后来者的姿态，怀着一颗虔诚的心，去缅怀追思，就如这次到祠中拜谒。

迈着沉思的脚步，多少次深情回眸，霞客离开升庵祠，继续向深处、高处探游。

山腰有华亭寺、太华寺等几处寺宇，都是佛家名刹。他悠然出入，在寺中俯瞰湖景，观赏难得一见的奇花异木。

再往南，山的上半部石壁磅礴绵亘，峭削倒悬，下半部土石间杂，陡峻的山坡一直跌落下去，只在湖岸一些地方镶嵌了窄窄的带子，还算有些平缓。劲风阵阵掠过山岩，撕扯着东一处西一处穿隙挂壁、歪生斜长的树草。崖壁错落间，释道儒各色建筑鳞次栉比，罗汉寺、关帝殿、纯阳楼、玉皇阁、真武宫、抱一宫，如此等等，名目繁多。举目望去，它们如蜂房，似燕窝，“点云缀石”，“累累欲堕”。[80]

伫立在悬崖边，霞客纵目驰骋。回想自舍舟登岸，一处处胜景令他会心惬意，意绪萦怀。那么，这就返回去了吗？人们游览此山，通常情况下，不都是这些景点吗？不，要到湖边隐约可见的村庄一带寻觅一番，那里说不定藏着这山的某些“玄机”呢。崖壁之上，山顶又会是怎样的一种景象？

先去湖边，就从罗汉寺外的崖壁陡坡上下去。

扒着岩石，揪着树或草，“凡八折”，抵达山麓。山麓有一渔村，数十户人家都以捕鱼为生。沿湖岸往南，经过布满黄色石纹的挂榜崖下，穿越一片巨石“垒空嵌水”的地段，霞客寻觅到金线泉。泉水从山中涌出，分三个出水洞。滇池中一种细小的鱼你追我赶，溯流游入出水洞中，它们就是被誉为“滇池珍味”的金线鱼。金线泉北面半里，有一个大石洞，洞门东向瞰湖。霞客找了火把点着进去，洞内石笋如柱，石质玲珑剔透，景象“窈窕莫极”。[81]

山麓湖岸的景致已收入眼中脑海，现在就只剩山顶的悬念了。据说有个黑龙池，就在金线泉上面的绝顶处。大自然如此神奇的这一笔，煞是令霞客兴奋，要去一探究竟。他再度上山，来到抱一宫。这里离绝顶已经不远，可是一仰头，满眼高壁峭崖，通向山顶的路，要北折南盘绕一大圈。他定定神，随即穿崖缝，抓石棱，或悬耸，或跨跃，攀援而上。山崖间石纹横驰纵舞，还生长着好多叫不上名来的花草，姿容各异，变幻迷离。石隙中竟还满布牡丹，籽实垂缀，中红外绿。终于攀到顶端，眼前石萼鳞鳞，如出水青莲一般，四下散落。举目眺望，最高峰还在西南面数里外。当然要凌绝顶以观！踏着四棱八角的石片，穿过石丛，他站到了绝顶之上。从绝顶东面往下二里，在高耸的崖壁间，霞客找到了黑龙池。在黑龙池边逗留了一阵，他欣然下山。

霞客的西山游，就是如此这般历艰涉险，搜奇探秘，确实够刺激，富于探险意味。非常明显，山上山下攀爬钻转的霞客，不只为了那些醉心迷眼的风光，更为解读自然界的奥妙，感悟人文与自然“融构”的真谛。其实，霞客在各地常进行类似方式的探游，因而，就他本人而言，这样一种风范已然成为习惯。

那一夜，霞客或许就投宿在山间的某个处所，枕了林涛湖声，撰写《游太华山记》，舒心而眠。

探究滇池

在旅滇的一年多时间中，众多云南高原湖泊进入霞客的视野。他关注最多的，要数滇池。他把长串的实沉脚步投在了滇池的沿岸，将深邃多情的目光、健朗的身影，一次次投给了滇池的波光水色。多姿多彩的景象吸引着他，一些疑惑问题更激起了他探究的欲念。数百里滇池是一个什么样的形态？湖水从哪里来，又流向了何方？湖畔的山峦、坝子如何分布？她给她所怀抱的一个个城镇村庄注入了哪些成长的能量?

明末的云南省城，“水城”的形象依然突出，在城内地势高一点的地方，或站到城头上，就可以看到滇池。霞客第一次到昆明时，住宿在南城门外，曾游览圆通山，后取道滇池东面去滇南。他当然会与滇池有过一次次的“亲密”接触，而且应该用他精妙的笔触作了描摹记载。只可惜，他那些日子写的游记，后来因故散佚了，只留给了我们一些猜测。

几个月后，霞客第二次进入滇池地区。或许是千里追踪盘江归来，让他对滇池更加不能释怀。于是，他好长一段时间的活动围绕滇池进行。我们不妨依照他的行踪，简单梳理一下：

他从滇东北一路过来，深入滇池主河盘龙江源头地带，弄清了嵩明州（约相当于今嵩明县）的梁王山“西垂曲抱”，为盘龙江发源地。他在盘龙江源头那一片转了一整天，登山梁，蹚溪流，过村庄，审视山水分合，察看地形高下。夜色中，经过一番周折，投宿在松花坝边今原址已被水库淹没的一个偏僻小村子，“炊粥”而眠。第二天清晨，喝了碗剩粥后出发，绕松花坝，沿盘龙江，到达昆明城。

在城中只停留了三天，第四天下午，他从南城门边去到南坝，乘夜航船航行于滇池。那一夜，湖上西南风很是刮得紧，船速慢，深夜经停海夹口（今海埂），黎明前抵达白圩口（今白鱼口），而后到安江村上岸，前往晋宁州城（今晋宁县晋城镇）。在晋宁州的十几天日子中，他与友人诗文唱和之余，阅览书籍，多处踏访，勘察流进滇池的大小河流，考索滇池和抚仙湖、阳宗海的分水岭。

他继续向前，绕行湖的东南隅、南面，再到西南面，看山，看水，看城镇村庄，一边观赏美景一边考察。呈现在霞客眼前的那道湖岸线，风情绝美。且看几个节点：晋宁州城西面一个叫河泊所的沙洲，“西横海中”，洲上“居庐环集”[82]。石鱼山西面，湖水中“石突丛丛”，仿佛“众牛饮于海子”[83]，人们给了它一个美妙的名称：牛恋石。昆阳州湖滨一个叫赤峒里的大村子，“滇池之水环其前”[84]。旧寨村“倚峰而居”，“南北皆湖山环抱之”[85]。滇池出口外螳螂川边，徐霞客去时，一道人正建盖茅屋，他被邀小憩茅中，“澄川漾碧于前，远峰环翠于外”，对岸“村庐缭绕，烟树堤花，若献影镜中”，川中渔船、游舟、渡艇“出没波纹间”，“棹影跃浮岚，橹声摇半壁”。赏遍天下美景的他，竟也“恍然如坐画屏之上”[86]。

沧桑变幻，当年让霞客醉心忘情的这些景象，如今已不复可睹！

滇池的西南角，碧水缓缓地涌出湖口，卷起浪花，流向远方。站在湖口，霞客感觉似乎少了什么。没错，一天天感受着她丰盈的气息，这颗璀璨的高原明珠已深深烙在了他的心上。怎么就突兀而去了呢？他得再伴随她走一程。再说，早在遥远的三国时代，文献中就有“奇河倒流”的说法，谓滇池水发源于东北，从西南流出，又折向东北。

这个现象到底是怎么回事呢？那么，就循流去目睹吧。出湖的那一段，两岸筑了蜿蜒绵长的堤坝，他信步堤上，俯观仰察；石龙坝一段，水流“横冲直捣，或跨石之顶，或窜石之胁，涌过一层，复腾跃一层，半里之间，连坠五六级”。[87]他往复迂回，细看究竟；安宁城往西河岸山岭间，崖险洞奇，他竭力排难探游。安宁以下河段，他也选了几处断面踏勘。还在晋宁州城时，他已设想好，取道富民、武定去滇西，以“观螳螂川下流”[88]，这一目的后来如愿实现。

17世纪的滇池，水域依然很广阔。霞客从安宁回昆明，身历目览了它的北部——草海。那时的草海，北面抵达黄土坡附近，它在省城西城墙外的一片，又被称作西湖。但草海的北部，已呈浅水湖沼状貌，水域不再连续，东一片西一片的地块露出水面，水与陆地间杂，七零八落。明代后期，在这一浅水区域，从西城门外不远处往西，筑了一条长堤，“横贯湖中”。霞客从长堤上穿行，“天然绝胜”的风光直让他感叹不已。四围山色倒映在层层清波间，深长青翠的蒲草歪伏于水面，柳枝柳叶满堤垂绕。几座桥梁镶嵌，如卧虹蟠龙，堤外几处丘阜错落点布，水面上还有人架屋栖处呢……

远眺滇池，感受的是另一种美。朦胧，模糊，使人意象顿生。游西山，他抬头低头间，每见湖景。华亭寺“草海临其前”，太华寺“东向瞰海”，罗汉寺一带“扩然全收水海之胜”。在晋宁州金沙山金沙寺举目北望，“得海天空阔之势”。晨露中，他立于棋盘山巅，纵览湖泊以及四周山脉，一派苍茫。筇竹寺一亭子中，滇池一隅透过两山间的峡隙奔来眼底，摇荡起一片飘渺的白色。

求书　读书　抄书

霞客长久酝酿着的一个宏大目标，就是以他长年的野外考察记录为基础，结合在各地搜寻、购买、抄录的有关文献，进行更高层次的研究。

求《广西府志》

现今的通行本《徐霞客游记》，云南部分先是两个专篇，接下来便是《滇游日记二》。霞客一生所写的游记，留存到现今的，云南部分最多，约25万字。不过，这已经不是霞客游滇所写游记的全部，他在好几段时间、好几个地方的游记，都散佚了。其中记载他入滇后最初三个月游览考察情形的《滇游日记一》，整体缺失。

翻开《滇游日记二》，首先映入我们眼帘的，是这样一行字："余作书投署府何别驾，求《广西府志》"。这一天，是他进入云南后三个月的八月初七。

这说的是徐霞客在广西府城（今泸西县城）时，特地致函何姓代理知府，向他索求《广西府志》。霞客在广西府城停留了十多天。其间他几次想走，都没有成行，个中缘由，就是为了这套地方志。

他到府城后，入府衙大堂"阅其四境图"[89]。投书的第二天，即去催问，得到的答复是随即送来，而实际上并没有拿到。第三天，代理知府说找不到印好的府志，需要重新印刷。那就等吧，反正弄不到这套志书他是不甘心的。当时印几册书，如果顺利，不费太多时间。霞客心情急迫，连天去催促。某天早晨听说快要弄好了，干脆坐在旅店中等待，打算书一送到就出发，结果等到晚上还说正在装订。再一天，又"束装寓中以待"[90]，还是没结果。中秋节那天下午，代理知府派了书吏，终于把府志送到霞客手上。这时离他投函求书已过去了 9 天。那天傍晚，阴云密布，天黑时大风怒吼，但霞客心情应该不错。

第二天，他便开始了下一站的旅行。费心费时弄到《广西府志》，不是为了要背回老家去收藏，主要是想借助它与实地踏勘相结合，更好地了解这方土地。接下来几天的行程中，他不时使用这套书，在游记中多次引用。到罗平州城，还曾因雨阻隔，静坐旅店中专心“阅《广西府志》”[91]。

抄书麓馆

永昌府境明代后期属于边地，府城为滇西重镇。

徐霞客数次进出永昌府城。他或在城中活动，或以城为大本营游览考察周边，总共竟达 60 多天，是他在云南大小城市中停留时间最长的。

1639 年三月末，霞客到永昌府城。这座城市历史悠远，风韵独特，霞客审视认识它的兴趣必定浓烈。友人盛情款待他，叙谈情谊，畅聊地理人文、时势风俗，好不惬意。稍事休整，总结一下此前的行程，为新的征程做些准备。他在府城停留了 10 天。那 10 天的游记今已缺失，他怎么活动不得而知。

五月下旬，霞客从腾越州（今腾冲市）东返，再次回到府城。此后到七月初，他与一些友人时相聚会酬和，游览城外一些地方，偶尔也逛逛街市。霞客在城中的活动说来丰富多样，最让人印象深刻的，是抄录书籍。

霞客游览考察西南地区，在很多地方，都花力气费心血搜求地方文献。在永昌府，这一风范更是体现得充分。

六月十六日那天，他前往参观友人刘北有位于太保山麓的书馆，另一友人闪知愿将当地一文化名流撰写的《南园漫录》连同《永昌志》，一起送到馆中给他。随后，又有友人给他找到《南园续录》。不用说，以霞客的志趣，他应该是表示过参观书馆的愿望，提出过希望得到地方文献的要求。第三天，他从原来居停的会真楼搬到友人书馆，“独坐馆中”[92]，抄录书籍。午间一友人去看望他，两人各赋诗章，霞客写了一首五律诗《幽栖解嘲》抒发当时抄书的情怀。接下来半个多月，只有三四天还做了一些其他的事，其余的几乎都是整天抄书。游记也很简单，好几天就只有四个字：“抄书麓馆”。六月二十六至二十九日，干脆并起来写：“俱抄书麓馆”[93]，只附带记两笔天气状况。七月初一至初三日也合写：“抄书麓馆”。[94]

霞客没有说抄书的具体情形，就那么寥寥几个字。还需要说什么呢？本来就如此纯粹单一，一天天自晨至夕，只是兀坐奋笔。当然辛苦，但是霞客的一生从来不惧辛苦。多年来，他不动笔的日子少得可怜，研墨挥毫早已是一种习惯。

他那些天抄录的书籍，或许不止前面说到的那几种。他对边地的地理、人文，一切的一切怀着浓烈的了解、探究意愿，关涉此类的书籍，他不会轻易放过。你看，五月初在腾越州城时，一吴姓官员应他的要求，派人给他送去《腾越州志》，过了几天，因为下大雨出游不便，他坐在投宿人家“录《腾志》”[95]。到中旬，吴姓官员馈赠他些礼物，他便又向那位官员索要一些地图，包括边境铁壁、虎踞等八关的图，南甸、干崖、陇川三宣抚司的图，车里、孟养、木邦、缅甸、八百大甸、老挝六宣慰司的图，等等。“八关”为边关要隘，“三宣”地处边境，“六慰”设立于明王朝中前期，明后期有的已脱离明政权的管辖控制。关于它们的图文，一般难得一见。得到这些地图后，他“一一抄录之，数日无暇刻”[96]。屋外连日阴雨，他竟浑然不觉。

离开府城的前一天，霞客在友人俞禹锡的书斋中，读汤显祖的《还魂记》。大概是很投入吧，一天就读完。

迷书何为?

读霞客的游记便知，他搜求、利用文献书籍的情形，在云南很多地方都发生，当然不止上文所述。人们或许会问，霞客为何在云南各地如此费心费力地求书、抄书、购书?

霞客本来就是个读书人，无非有些另类而已。他一生几乎就没有离开过书籍，几十年间伴着书籍走山水。典型的例子，比如“西南万里遐征”时，他一路随身携带的物品中有不少书籍，其中一些湘江遇盗时损失了，让他惋惜不已。他在云南各地，往往是将山水间的踏勘、观察、寻究与相关文献记载很好地结合，互为佐证。有些情况下，他想了解探知某事物而未能亲履目睹，文献记载便可以弥补些缺憾。他在各地搜求、抄录或购买的一些书籍，一般都甚为珍贵，一旦错过便几乎很难再有机会得到。他重视搜求、利用文献书籍这一点，在来到云南之前已常有体现，只是在云南一年多的岁月中，随着他科学考察成分的加重，他也越发地求书、抄书、购书。

霞客长久酝酿着的一个宏大目标，就是以他长年的野外考察记录为基础，结合在各地搜寻、购买、抄录的有关文献，进行更高层次的研究。天妒英才，他从云南回到家乡后不久就辞世了，心中深深埋藏的这一理想未能实现。霞客在云南购买、阅读或抄录过的《广西府志》《州志》（即《腾越州志》等纂修于明朝的地方志书，今已不存。他费心费力抄录了带回家中的诸多书籍，后来竟散佚了，它们流落何方？如今可寻得到蛛丝马迹？

在鸡足山上

云南众多的山脉峰岭，都留下了徐霞客的足迹。其中与霞客有着最多、最深、最特别联系的，要数鸡足山。

鸡足山的文化不断积淀，日益丰富、深厚。在它与时叠加的文化积层中，徐霞客的贡献绝对是极为厚重的一个板块。

历时最长的逗留

云南众多的山脉峰岭，都留下了徐霞客的足迹。其中与霞客有着最多、最深、最特别联系的，要数鸡足山。

鸡足山雄奇秀美，汉代以来的文献每有记载。唐宋以后，山中佛教胜迹逐渐多起来，到了明代中叶，已经名播海内，成为与峨嵋、五台、普陀等并称的中国佛教名山。于是，一代代一批批僧侣、官宦、旅魂游魄、文人墨客，带着他们的虔诚、憧憬、游兴、文趣和山水情结，来到这一方风光胜境和精神圣地，探游赏览，吟咏描摹，体心悟道。

鸡足山的文化不断积淀，日益丰富、深厚。在它与时叠加的文化积层中，徐霞客的贡献绝对是极为厚重的一个板块。

前后两年中，徐霞客两度上鸡足山。

明崇祯十一年（1638）十二月二十二日，徐霞客到达鸡足山，次年正月二十二日，他离开鸡足山北上丽江，历时整整一月。时隔半年多，他游览考察滇西、滇西南后东返，于八月二十二日再次登上鸡足山。从这天起直至九月十四日，他一直在鸡足山活动。今本《徐霞客游记》，九月十四日以后缺佚，霞客家塾季梦良在他抄誊整理的游记本子中专门注释说，从这时起到次年正月间，霞客常住山中悉檀寺修撰《鸡足山志》。如此，则霞客在鸡足山的时间前后达半年左右，今保留有游记的超过五十天。这在他几十年旅游考察生涯所登名山中，以有记载的来说，历时最长。

相知相惜

鸡足山山腰文笔峰下，1988 年重修的静闻和尚墓如今静静地安立着。

这座墓园牵连的故事，荡气回肠，撞击人们的情感神经，触抵人们的灵魂深处，让人们难以释怀。

静闻为霞客家乡江阴南街名刹迎福寺和尚，潜心向佛，在寺中坐禅诵经二十年，刺血抄写七卷的《法华经》经卷。1635 年前后，徐霞客向静闻师父莲舟法师谈及自己“西南万里遐征”的打算。静闻获悉了这一消息，强烈表示愿意与霞客一同前往云南，上鸡足山朝拜，并把自己刺血写成的经卷供奉在山中佛寺里。霞客了解到静闻除了前往鸡足山了愿，同样也“矢志名山”[97]，于是两人欣然结伴。

1636 年秋末的一个深夜，他们俩连同徐霞客雇佣的仆人顾行，踏上了旅途。

他们在寒暑易替的岁月流转中，一路跋山涉水。每天要面对的事，初看起来似乎简单，不就是行路、问询、看风景吗？然而，“在路上”就注定了一应事宜都将很具体、细碎、实沉。

霞客和静闻结伴同行的情形是怎样的呢？我们先撷取几个片断，以管窥一斑：

在杭州，两人同渡西湖，进城购买铜炊具、竹筒等旅行用具，又同登西湖北岸的宝石山。

到金华，留下顾仆看守行囊，两人花了三四天时间一起探游金华三洞。

在江西永新县，两人于傍晚时登一险峻的峰岭，从石瓣中“攀崖蹈隙”而上，静闻止步于峰腰而霞客“宛转峰头”，两人遥相呼对，各自盘踞一石，边赏景边拿出随身携带的胡饼啃食。[98]

到江西西境，霞客拟游武功山。时值年初，气候寒冷，山上冰瀑悬凝。考虑到各种因素，决定让静闻领了挑夫在山下一个叫路江的地方等候，霞客和顾仆只携带了睡觉用的被子冒雨冒寒上山。九天之后，霞客回到山下找静闻。他们先前约定的是在一个贺姓人家会合，霞客先是走过了，只好又折回去，待去到那户人家一问，得知静闻实际停宿的是霞客折返前所经村庄的一刘姓人家。这样一来，霞客便“三往返而与静闻遇”。[99]

到湖南衡州府城后，他们拟取道湘江前往永州。因霞客要抓紧时间游览城中一些地方，就让静闻和顾仆去湘江边的集市预定去永州的船。

类似的情形很多很多，毋须赘列。踏履绵绵山水，出入城村寺观，他们一路形影相随，甘苦与共，互相理解和尊重，每每为对方着想。旅途漫漫，两人间的情谊，一点点滋长，一层层叠累，终至铭心刻骨、生死不渝。

于是，当他们在湖南湘江上遭遇人生的一次大劫难时，两人间的情谊再度升华了，友爱与真情的暖色调，使创伤得以稍稍消解。

这次劫难，有必要说得详细一点：

那是1637年二月中旬的一天，他们的船逆湘江而上，航行了一天后，傍晚时分停泊下来。与他们一道停泊的，还有另外几只船。夜幕降临，入春以后未曾露脸的明月挂上天空。回想起前一夜，湘江上冷雨飘洒，两夜景象竟都那般富有诗情画意，霞客的心情很是欢愉。停泊的地方，岸上没有村落，霞客他们本来有些许担心。约莫一更时分吧，船客们有的已进入梦乡，有的还醒着，岸上忽然传来啼哭声，像幼童又似若妇女，好半天也没停止。霞客他们当时已怀疑，这背后难说隐藏一个诈局，便就不大理会。到了二更天，那啼哭声终于搅扰得静闻心不能忍，于是严守戒律的他，乘涉水登岸小解之机，察看询问，出现在他眼前的是一十四五岁的孩童。那孩童给静闻诉说了他的身世，满含悲情苦难意味，其实是一通杜撰的谎话。静闻好言劝慰，并给了他些东西。没承想，静闻回到船上不一会儿，就有一群盗贼喊叫着冲杀到几只船中来，火把炫目划空，刀剑横飞直舞。霞客当时还未入睡，急忙从床板下的匣子中取了旅游资费，试图转移。他纵身跳入邻船，想从船尾赴水避祸，可是有盗贼正在挥剑砍斫船尾的门，没法出去。情急之下，他奋力掀起船篷，莽然投进江中，仍旧回到原来的船上。静闻、顾仆等几人，或赤身露体，或胡乱披了被褥，被逼着挤到一处。盗贼刀戟四处乱戳，一干人挪移躲避，船家父子、顾仆等好些人，躲避不及而被砍伤。依那情势，霞客想恐怕定要被盗贼擒执，为了更机动方便一些，他把随身带的一件绸衣等物件扔弃。他们跪地乞求饶命，可盗贼的凶残状丝毫不减。已是走投无路，大家一涌而起，掀翻船篷，不顾一切跳入水中。霞客最后一个跳水，脚被船篷竹纤带绊，与船篷一同翻倒下去，头部先触碰江底，江水灌进耳鼻。所幸水只及腰深，他翻起后在江中逆行了一小段，随即爬上一只免遭于难正驶离出事地点的邻船。寒冷的江水浸泡得全身冰凉，船客扯起船家的被子让他披裹上。溯流上行三四里，远远回头望去，原所乘的那只船被焚烧，火焰窜腾。霞客定神想想，乱刃交戟之下，自己赤身其间，未受创伤，实是天幸！身既免于虎口，游资行囊且暂不去管它了。可是怎么没见静闻、顾仆的身影，他们怎样了呢？再后，顾仆找到了，他被盗贼砍伤数处，躺在船上呻吟个不停。静闻仍然无消息，他煞是忧急。

第二天天不亮，霞客就急着要回到几个时辰前遭劫那地方，一是着实牵挂静闻，二是心想他投进江中装有游资的匣子兴许还能寻觅到。无奈他身无存丝，如何行动得了呢？一个戴姓船客目睹此状，从身上脱了内衣、单裤各一件送给他。他周身无一物，只在发髻中还别着一枚银耳挖，便以此物回赠酬谢。再看顾仆，也是通体无遮蔽，便把单裤给了他。霞客把那内衣往身上一套，仅盖到腰间，旁边一只船的船主人又拿了一片补缀的布让他遮住前身，这才勉强能够登岸。冷风透骨，砾石割足，霞客主仆以及其他几个同船旅客，步履艰难地前行到被焚船只的对岸，顺水或逆水的舟船瞥了他们的模样，说什么也不肯摆渡他们。他们就各自扯了嗓子，高一声低一声隔江喊叫。起初杳无应答，过了一会霞客听到有人呼喊他的名字，他一阵暗喜：这必是静闻无疑，他们一行三人竟都还活着啊！待到相见，两人喜不自胜。

转眼间，却见霞客又纵身江中。静闻忙问，得知霞客是要摸寻那匣子，摇手向霞客说道：匣子在这里，只是匣中钱两早已分文不存；你亲手临摹的《禹碑》和《衡州统志》还未被水沾湿呢。霞客急忙上岸，见沙岸上堆着一些物件。

原来，静闻在大家赤身露体纵入江中时，忽然念及装经书的箱子放于船篷侧面，便留了下来。他舍命乞求后，盗贼将经书还给他。接下来，霞客诸多物件的毁失，都在他眼皮底下发生。盗贼劈开霞客的竹箱，见里面全都是些书籍，一股脑儿倾倒在船底。这其中有《大明一统志》等书籍，以及文震孟、黄道周、钱谦益写给霞客的书函，还有霞客的游记手稿。静闻一边哀求一边把它们拾起来放回破箱中，盗贼倒也没阻拦。盗贼随后弄开霞客的皮箱，见有一块绸缎布料，即刻拿走。箱中还有包括陈继儒写给丽江木土司和鸡足山高僧书信在内的数十通函件，以及张宗琏所著《南程续记》。此书宣德年间作者手书，张家族人珍藏了二百多年，霞客苦苦索求而获得，此次出游，带在身边参阅。静闻对皮箱中的这些物件不大清楚，加之无暇乞要，以至不知被盗贼拿去扔在了何处。霞客的皮挂箱中，是家藏的六本《晴山贴》，还有一些生活用品，盗贼打都不打开就整个拿走了。盗贼最后破开霞客的大竹箩，里面有《名胜志》三本、《云南志》四本，以及合刻的《游记》十本，后来船被烧，这些书籍全被焚毁。

静闻始终留在船上，眼睁睁看着盗贼搜抢毁砸，然而几乎无能为力。盗贼掳掠了财物后，离开前在船尾放火。待盗贼一离开，静闻即刻只身扑火。见霞客乘坐的船舱起火，他跳入江中取水浇淋。盗贼听到水声，以为有其他人来到，回身见仍只是静闻一人，就又戳了他两下。而经此波折，火势蔓延，无法再救。当时附近的船只几乎都远远避开了，只有两艘未走远的运谷船，静闻呼救，它们反而移到更远处。静闻就潜入江中，拖起坠落的船篷作筏子，将自己的经箱和所救到的霞客诸物，划水渡送到运谷船停靠的地方。接着再冒着大火去救下同船其他几个人的一些物品，待要他第三次返回去时，那残船已沉没。不曾料到的是，运谷船竟乘黑藏匿了霞客的绸衣等物。静闻只得将救下的东西移到沙岸上，寒夜中孤零零地守护着，等候霞客他们。

灾难中，霞客、静闻心相牵系。霞客很是感佩静闻在刀剑、火光和冷水寒风中的所作所为，称许他所表现出来的纯厚品格。损毁了那么多东西，霞客当然很心痛，况且其中许多东西那帮盗贼拿了去没什么用处，而于霞客来说则极为珍贵，不可再得。但是有了生命的保全，还有什么比这更宝贵呢！

此番遭难，并未动摇霞客他们的意志，他们抹一抹身与心的伤口，再踏征程。而霞客、静闻两人之间，更是灵犀相通，更加相依相惜。在湖南祁阳县，静闻协助霞客拓碑；在广西兴安县，霞客攀一危崖，静闻不能同登，就看守行囊；在桂林，霞客拉了静闻在风雨欲来时一起到街上购书；静闻观看桂林藩府祭奠祖先的热闹景象后，回到住处绘声绘色地描述给霞客听……

然而，静闻在离开桂林前夕病倒了。前往柳州途中，霞客先是替他找了马，而他竟连马也骑不稳，就又给他雇了滑竿。到柳州后，病情加重，形容枯槁，神情萎顿。霞客觅医为他诊治，不时问候。九月间，他拖着病体进了南宁，霞客悉心安顿他到崇善寺息养。霞客揣摩静闻的言语行为，猜测他似有病愈后独自上鸡足山的念头，于是，在一个夕阳西下的傍晚，到寺中与他诀别。霞客随后投身广西西南区域，并拟经此入滇。

两个多月后，霞客由桂西南入滇之路没走通，折回南宁。东返途中，他耳闻静闻病逝的消息，急急回到崇善寺询问，得知静闻辞世竟然就在与他分别后的第二天。由寺僧引领，他去到静闻落葬处，“拜而哭之”[100]。寺僧告诉他，静闻埋骨鸡足山的遗愿很恳切，于是他请人取出静闻葬瓶，亲手用竹筷一片片一点点拣取夹杂在炭土中的静闻遗骨，用好几层纸包裹后缝合好，置于随身的大竹筐中。又费尽周折，索回静闻的袈裟、经卷等遗物，一同带上。

腊月中旬，霞客从南宁北上，经贵州进云南。数千里羁旅颠沛，山重水复，静闻遗骨在霞客主仆的行囊里穿越了变幻多端的一个个时空。

霞客始终对静闻怀着割舍不掉的缅怀之情。他写了《哭静闻禅侣》七言组诗，共六首，念意切切，伤感凄楚。在云南许多地方，他把静闻的事讲给人们听。一些文化名流或应霞客之请，或有感抒怀，撰作悼念静闻的诗文。省城昆明的金公趾、阮玉湾、阮穆声等分别作了《送静闻骨诗》；永昌府闪仲俨特撰静闻铭文；诗画名僧唐泰作《瘗静闻骨记》，“三易稿而后成”[101]。

离开南宁后一年零三天，又一个腊月间，静闻遗骨被背上鸡足山。还在滇池边时，霞客在晋宁州城唐泰寓所遇见鸡足山两僧人，就与他们商定好了静闻墓所在地。到了鸡足山，霞客去踏勘先前说好的那地方，见“正在回龙环顾间”[102]，心中十分欢喜，于是择吉日安藏静闻遗骨。

霞客所做的这桩桩件件，哪里只是简单了却亡友的遗愿！静闻泉下有知，定当含笑。

深度游鸡山

徐霞客之于鸡足山，无论是考察、探究，还是风光游赏，都达到了极高的境地，罕有他人能企及。

尤为值得称道的，是以下两点：

第一，反复的、巡回式的游览考察。

霞客一生，历览过南疆北国太多的山脉川泽。诚然，他总是力求求真求全，但由于各种条件的制约，大多数地方他只是游览考察了一次。他对于鸡足山，则用心用力非同一般，山中的不少地方，留下了他两三次乃至四五次踏行察览的身影。这样的情形，在别处实不多见。他有时取不同方向、不同角度观览同一景致，或者选择不同时段游历同一地方，也有的从若干方面考察同一地物，如此等等。山中众多大大小小的寺、庵、静室，他多次游访；绝顶、礼佛台、华首门、猢狲梯、罗汉壁、望台岭、珠帘翠壁、旃檀岭、玉龙瀑布、八功德水等著名景点，他一次次乘兴游览；还有许多峰峦涧壑，也都布满了他重叠的足迹。

这里就随便摘取几例吧：

到鸡足山后第四天的腊月二十五日，霞客自晨至夕外出游览，曾“过珠帘翠壁”。那里水流从数十丈高的石崖上涌泻而下，在巨大的绝壁外织就一道水帘，水帘内外，铺展开一幅幅美不胜收的画图。几天后的新年大年初一，碧空澄澈，丽日当空，他游览了好些个景点，再次经过珠帘翠壁；仅隔一天，他前往一僧人庐室的途中，路经珠帘翠壁下，又是好一阵驻足流连。腊月二十八日，他由鸡足山顶南下，至束身峡。峡中逼仄，两边巨石叠涌，垂坠而下，异常险峻。次年正月二十日，他游传灯寺出来后，回想起日前是从上往下观看束身峡，今若仰面向上登，那么峡中景象便可搜览无遗了。于是他向西经过华首门、八功德水、曹溪庵等处，然后由束身峡向上攀爬至绝顶。山中玉龙瀑布景致绝佳，崇祯十二年（1639）正月初四日，霞客游览此瀑。他伫立观瀑亭上，攀至观瀑亭对面山崖间，又去到瀑布西南的玉龙阁，俯瞰仰观了它多姿多彩的形象。初九日，他爬到瀑布西面的山峰上远观，还履经瀑布下流的山峡中，峡中虽然看不到瀑布，但可以感受到它的气息。初十日，他再次从牟尼庵处观赏瀑布，并游经大觉寺西面瀑布上流的两水交汇处。鸡足山顶景致美妙绝伦，霞客曾从不同路径，若干次爬到最高顶，观山水形势，赏远近美景。

第二，详究山水脉络，细赏林壑泉石。

寻理清鸡足山的山水脉络实在重要，如此便窥见它的真面目。

徐霞客对鸡足山，真可谓下足了工夫，花费了无尽的心血。他一次次登临峰顶，攀爬一处处高崖峻石，踏循一条条蜿蜒的山脊，钻一个个深壑幽箐，跨涉一支支曲折的涧流。鸡足山的总体形态、地貌特征、大小峰岭的分合走向、水流脉络、地界分野等，他都作了全面详细的考察审度，获得了关于鸡足山地理的较为科学、准确的认识和把握，从而成为他后期地理考察的一个杰作。

霞客经反复认真地游览考察，对鸡足山的总体形态做了如下描述：

“盖其山自桃花箐北度，即凌空高峙，此其首也。其脊北垂而下，二十里而尽于大石头，所谓后距也。其横亘而东者，至文殊堂后，少逊而中伏，又东而复起为绝顶，又东而稍下，遂为罗汉壁、旃檀岭、狮子林以后之脊，又东而突为点头峰，环为九重崖之脊，皆迤逦如屏。于是掉尾而南转，坠为塔基马鞍岭，则鸡山之门户矣。垂脊而东，直下为鸡坪关，则鸡山之胫足矣”。[103]

鸡足山的各分支余脉，霞客的考察、记载和阐论同样十分详细精审。比如，他明确说，整座山的脉络，都以望台岭为凑集处。寂光寺前延伸的冈阜为中支，塔基上面隆起的山脊为东支，大士阁所依凭的山脊为西支。中支由罗汉壁往下坠延至大士阁，东支由九重崖向东南环绕盘结为马鞍岭（又称塔盘岭）。而“此岭为一山之龙砂”[104]，它即是鸡足山朝前面伸开的三根脚趾中的东南支。西南支自铜佛殿下向南延展，至法照寺所踞冈脊折往东面。正当转折处，又向东伸出一支，即毗卢寺和祝国寺所在，并横亘于华严寺前面的山脉，它是西南分支的第一道余脉。法照寺北面，一条冈脊相夹，那是西南分支的第二道余脉。

鸡足山的水系，他考察后得出了清晰的结论。主要水流的源流，他概括地写道：山北的水，向北从山后趾尽处的大石头东面流出去。山西的水，南边发源于洱海之北的，流经和光桥，西边发源于河底桥的，流经南衙、北衙，都汇流于大石下面，再往东环绕牟尼山北，与宾川坝子来的河流一同北下金沙江。玉龙瀑布的上流是两支，一支自罗汉壁往东南流，一支从华严寺向东北流，至大觉寺蔬圃南面交汇。天竺寺南北两边涧水分流，北边的涧水自仰高亭处峡谷中流过来，南边的涧水从大士阁东面山谷里一级级坠流而下。大士阁东西两面的龙潭、瀑布等一些水流，都从塔盘岭向外流出。

鸡足山的自然风光，以及佛教事物与自然组合而形成的景观，壮美奇绝。徐霞客在山中的那些日子，尽情四处游赏，满心迷醉。然后，他用他模山绘水的卓异文笔，将那一幅幅美妙图画细摹了下来。在霞客的眼中和笔下，鸡足山无处不美，处处皆景。

我们且随着霞客文字的导引，稍稍对山中的一些景致作一番赏览：

总揽鸡足山的宏观景象，或于山上眺览远近山川，竟是那样地动人心魄。

佛台仰止坊矗立于山南，游人未入山之前，站在此处就可“全见鸡山面目”。霞客第二次上山时，从坊间向北眺望，见鸡山山顶高高耸起于西北，山尾蜿蜒拖向东南，“高悬天际，令人神往”。[105]塔盘岭为整座山的门户，望台岭扼全山枢纽，一山概貌举目瞩望。点头峰峭耸而外突，山间的高低峰岭于此“可以一览全收”[106]。登上绝顶，错落环布的景物尽收眼底，山外的万千气象简直就看不完、看不够。最摇荡人们心旌的，是著名的绝顶四观：东观日出、南观彩云、北观玉龙雪山、西观苍山洱海。四观景象真是天赐无双，“不特首鸡山，实首海内矣！”[107]霞客取不同路线，多次登上绝顶，在绝顶的一片片峰岩上纵目观览山里山外。到鸡山才数日，崇祯十一年（1638）十二月二十八日晨，他就登迦叶殿南楼观日出，寒风凛冽，朝阳的光芒和温暖冲破寒气照彻天宇。次年正月二十日，他攀援到绝顶西尽处，遥望西南重重山峦外的洱海，波光荡漾，仿佛水杯浮在掌上。他在那天的游记中还回忆说，因为南北两地的阴晴变化，所以此前在山顶曾见雪山而不见洱海，这一天却见洱海而不见雪山。

山中的飞瀑流泉，灵动鲜活，别有韵致。

霞客平生游赏的瀑布泉流太多，鸡足山中的几个，若仅从数量的增减去看，似乎没什么突出的意义。可是，它们都曾令霞客流连忘返。玉龙瀑布、旃檀岭西北崖间的瀑布、狮子林水帘（或称珠帘）以及狮子林念佛堂的灵泉等，每一个都让霞客赞叹不已。

玉龙瀑布所处位置绝妙，在鸡足山西支与中支两大脚趾凑合处。瀑布上流两山夹峙的地方，有个玉龙阁横跨水流之上，仿佛翠色横染的天然石梁，又好似凌空飞起的鹊桥。从罗汉壁、华严寺等地流来的水，到这里悬空飞泻，直向下冲捣。只是附近无人居处，霞客觉得有些冷寂，以至于生发出花落水流般的几许感伤情怀。玉龙阁往下有个观瀑亭，悠闲地立于其间，抬首仰观，绝顶雾霭飘浮，高悬九天。低眉俯视，悬崖绝壁间的瀑流如雪练滑坠，下嵌九地。霞客正月间去时，刚好又碰上云开日朗的好天气，天空清新澄澈，眼前树影光色浮动，恍若置身仙境，一时间似是幻化出了天台山石梁的神奇景象。若在观瀑亭对面山崖上往下看，从玉龙阁处向下捣泻的瀑布，如同悬坠在崖壁间的一幅银练，高百余丈，一直伸入峡谷底部。那峡谷逼仄幽深，俯视时竟看不见瀑流末梢。

旃檀岭西北山崖间，有被霞客盛赞为“山中第一胜”的一条瀑布。只是它季节性特征明显，冬春时节难得见它的踪影。霞客是第二次上山的八月间，在它“最可观”的时候去看它的。高峻盘错的崖壁间，瀑流垂空，倒泻深峡，水花水柱远近高低四处飞溅喷洒。那百余丈高的水幕震天撼地，看上去像是不停地摇曳着山岚天云，吹动了崖石，浮起草树。若和玉龙瀑相比，霞客认为，它的气势虽然不如玉龙阁前峡口处那般壮阔，但那里的瀑流被两边崖壁遮掩，从峡口对面不能直眺，而选择其他一些地方侧视、仰观或俯瞰，也很难将它的全貌看清。此瀑从穹隆的壁崖顶上高高地飞腾而下，人们隔着峡谷平望过去，自上而下一览无遗，一派跌宕的态势，飘摇的景象，宛曲随顺的姿影。它是无尽地散碎在虚空中的晶莹的水沫，又好似抚弄于掌上的珠链，更像一个肤骨灵润的天女，翩翩舞动霓裳，神姿迥异。

狮子林的珠帘翠壁，是又一条景致特异的瀑布。数十丈高的石崖依傍着峡谷耸起，下半部天然地镶嵌着一大块绝壁，水流从石崖外飞悬腾泻，垂空溅洒绝壁，纵横纷乱，如同晃动着的一串串明珠。从绝壁下透过水帘向外眺望，树影花枝参差掩映，婆娑摇曳，让人魂魄为之飞动。石崖两边，藤蔓绕爬，长满了浓绿的苔藓，像铺了绚丽多彩的丝绒布。再往远处一些地方，林木杂沓，琼枝玉干横伸直矗，多姿多彩的树叶层叠连缀，遮蔽了天日。

狮子林念佛堂有一泉水，极其灵异，引得霞客详细察究观赏，并在《鸡山志略一》中把它列为山中的主要景致之一。在一座狭窄的石屋中，一条石脊峙立成崖，崖石左部有一不大的洞穴，洞外石头倒垂，如同屋檐，泉水从石脊隆起处破石而出，从檐内顺檐往下流。奇妙的是，檐内洞顶中空，檐外崖石峭削，水既不从中空处溢出，也不从陡直的地方落坠，而是倒流入檐上，仿佛联珠成串，碧玉垂悬。

鸡足山山形地貌独特，形成了许多危崖崭壁，它们构成山中极富特色的景观。霞客被一处处危崖崭壁深深吸引，不惜耗费时日，历艰涉险，细观详览，将一幅幅壮美的画卷呈现给人们。

我们且略看几幅图景，以见一斑：

礼佛台高踞鸡山绝顶西北隅悬绝处，凌空兀立，形影惹眼，若一叶飘浮的小舟驾在深壑之上。它的北面，崖壁倒挂，无任何山道石磴可依以攀登。它西面向幽箐中倾斜的石崖上，大大小小的石瓣朝上迸开，似是将欲开放的花蒂。路当然没有，只有几根木头横在崖端，如展翅的虬龙飞升于层峦之上。人们循着木栈向前踏进那些石瓣中，眼前就好比芍药花冠，内空外透，一片片似合欲分。八功德水处，线一样的小路镶嵌在绝壁间，弯环窄隘。抬头仰望，高峻穹隆而看不到顶，往下俯瞰，只觉幽秘深隐而不可探其底，环视上下，简直就是悬挂在天地间的一幅万仞苍崖图。八功德水往东，便是华首门。山崖向上飞耸，中间高高隆起而外围下垂，屋檐一样地覆盖着。崖上齿状排列的石头显出要往下坠落的态势,崖下突起门槛形的一道石脊，门槛内巨壁直立，如同关闭了的一扇大门。罗汉壁东起旃檀岭，向西延展到仰高亭所在的山峡，倒插于众壑之上。壁上石块错落，飞嵌空悬。罗汉壁东面，高崖插天，云雾盘绕其间，仿佛霞彩织染的华服当空列展。

徐霞客游览鸡足山的明代末年，山中寺宇众多，错落分布。寺宇中的人文或自然景物，有相同的，也往往各有差别。它们的远近各处，呈现出一道道诱人的景胜。不少寺宇选址绝妙，除开本身的景致外，还是一个个绝好的观景点。这一切，牵动了霞客的脚步和目光。霞客当时身历目览的佛教文化盛况，如今已大为改观。他为之动心用情的好多寺宇景胜，竟只能回到他的文字中才能看到了。

我们还是撷取几处去看看吧：

华严寺处西南支山脊上，周围地形独特。东支、中支以及山顶的诸多佛刹，都是朝东或朝南的，它则是东北向，与九重崖形成对峙之势，显得与众不同。于寺中环望，北边的一座座林刹，历历涌入眼帘，颇为可观。还有，它左右两边有亭台桥梁，这在山中是仅见的。

放光寺后倚绝壁，前面沟壑盘绕，右面以桃花箐为关，左面有西南第一支脉作护砂。若从曹溪庵、华首门往下俯瞰，只见它沉沉坠在壑底，而置身其地，方知它仍高居众壑环拱之上。在寺中仰眺华首门，峭削万仞，横向宏阔。崖壁间翠纹错布，缕缕烟云点染，横缀于崖前的凌云之路隐然可见。寺后层叠的崖石向远处延布，看上去与华首门上下一带，就像是连成了一体似的。山中每见层崖叠嶂，但要论磅礴雄浑的景象，没有其他地方可以与此相匹比。

西来寺背靠陡峻的崖壁，云霞似巨幕如大旗，拥绕天际，巍峨峭拔的景象，堪称山中第一。

传衣寺坐倚一片开阔高爽之地，规模宏拓。寺前矗立一大牌坊，题写着“竹林清隐”字样。坊前古松傲空，粗达三围。那松一丈五以上，枝杈便就四面横伸而出，有些枝杈与树干差不多大小，枝头又倒垂斜倾，繁密张扬的枝杈几乎要将树干拉裂。寺中僧人为保护它，在树干底部垒砌了六七尺高的土石台子，又用一些木杆撑持着横斜伸展的枝杈。风吹起，四面横枝纷乱纠结，摇曳飞舞，变幻的情态不一而足。

德充静室位于九重崖中段，为九重崖最高处。它后面高峭的岩石中部，悬着一岩洞，洞门正南向，四旁没有一丝缝隙，上下尽是削壁。登临其处，近看香木坪一带的山岭卧伏在下面，远观五龙坝周围的峰峦横障南天，排沙、观音箐等山岭层分盘错，树草葱郁，点布于山腰山麓的一些村落，也历历可见，勾起向往和遐思。

遍录鸡山碑碣

徐霞客骨子里面是个文化人，自幼饱受中华优秀传统文化的浸润，培育、积淀了宏通的学养。他一生“以身许山水”的重要目的之一，在于实现志存高远的文化追求。浓烈的文化意识以及丰富多彩的文化活动，始终贯穿于他的旅游考察生涯中。他游览所至，凡进入文化场所，目睹文化事象，访会文化人，总是那样地兴致盎然，并常显露出圣洁、虔诚的情怀。在各地，他用心察究、赏玩、收集文化物件，拓碑、录碑、抄志书诗文的行为经常发生，与友人唱和应答的活动也相当多。

两上鸡足山的时日中，他的这种文化情结，得到了相当典型、集中而充分的抒发。他“遍征山中故迹”[108]，差不多抄录了在山中所见到的所有碑碣，与许多友人谈文论诗，吟咏应和，以独到的眼光点评赏鉴山中的不少匾额、楹联、崖壁石刻。如果说鸡足山游是徐霞客滇游的一篇华章，那么文化活动无疑是其中浓墨重彩的一笔，而且是点睛之笔。

碑碣是中国文化一种独特的载体。徐霞客对碑碣一向情有独钟，读碑、拓碑、录碑，在他数十年的旅游考察中随处可见。但要说数量之多，所费心血之大，就单个地理实体而言，鸡足山实为翘楚。

实在太有感染力了，我们必须要排列一下霞客在山中录碑的情形：

崇祯十一年（1638）十二月二十八日清晨，在鸡足山顶观日出后，到迦叶殿旁的天长阁和善雨亭“录碑文”。天气寒冷，手指被冻僵。那里有好几块碑，其中张姓副都御使的两块碑文最长，此日未能抄录。

二十九日，到兰陀寺。进到正殿，见殿前倒卧着一石碑，便问明究竟。寺僧告诉他，那是一块迦叶事迹记碑，以前竖立在华首门亭子中，后曾被拖曳到山顶，又几经周折而被置于寺内。这激起了霞客立即录碑的欲念，但此碑两面镌刻文字，碑文很长，并且前半篇文字压在下面。好在寺僧将碑文誊录成一挂轴，悬挂在墙壁上。于是霞客将挂轴放低，移案抄录。午后就开始录碑，暮色已至而犹未录完。于是，他干脆从悉檀寺移来卧具，那夜就睡在寺中。

三十日，万民欢度除夕的日子，霞客“仍录碑”。搁笔后，他被一个叫莘野的僧侣邀至静室，舒心惬意，禁不住写道：“度除夕于万峰深处，此一宵胜人间千百宵”。[109]

翻过年正月初二日，他专程去真武阁，抄录此前在阁中见到过的陈郡侯诗。

初四日，登玉龙阁观赏瀑布，见到一块碑倒伏在楼板上，他斜躺身子，一字一句抄录。之后到寂光寺息阴轩，吃过晚餐就急忙录轩中碑碣。夜色已浓，碑却未录完，携带的纸张又已用光，只得作罢。

初七日，抽空重返息阴轩，补录此前未竟之碑。

初九日，录大士阁中碑，碑文颇长，眼看夜暮降临而仍未录完，僧人殷勤留宿，他就此在阁中住了一夜。

初十日，到放光寺。寺中立有明后期云南文化名人李元阳撰写的一块碑，文字镌刻在铜范上，颇为气派，但霞客发现其中文字偶有讹误。殿中光线暗淡，当时霞客本已是饥肠辘辘，但依然研墨挥笔抄录。

这天，他还去了迦叶寺上面的仰高亭。亭中有块省府官员所立的碑，他此前见到过，只是未及抄录。此番进入亭中，便先行录碑。天气不是太阴沉，然而新年伊始，山高岭峻，寒气着实逼人，凛冽的风撕扯摇撼着亭子两边的崖石，霞客的手一次次被风吹僵，冗长的碑文老也没录完。待终于停笔时，已是日色西倾。

十九日，夜宿传灯寺。次日大清早，他就想去录寺中古碑，但天气太寒冷，便先登览绝顶一带，留待下山时再录。反正要返回来录碑，所以他把行具放在了寺中。有些遗憾的是，他没有记述后来录碑的情形。这天他还到善雨亭中，补录了年前未录完的张姓副都御使碑。

霞客鸡山录碑，是他个体文化性情、风范的彰显和释放。撇开个人的角度去看，它是一串厚重切实的文化传承与传播行为。他抄录的碑刻，于他本人和别人，有着这样那样的功用。而他抄录碑刻所体现出来的人文品格，尤其能感染、浸润人们的心灵。

徐霞客通晓佛学，由此而与鸡足山的僧侣们有了契合点。山中的很多僧侣，很是仰慕、尊崇他，纷纷向他求教，彼此切磋交流。有请他题诗留字的，有与他互相诗文酬答的，还有找机会将他们自己的著述和收藏的文献呈送他阅评的，凡此等等。

且看：

刚到鸡足山不久，有一天在野愚禅师的静室，会集了好多寺庵老宿。霞客携带了装书的箩筐去，一时成为聚焦点，大家围着书筐取书传阅观览。又有一天，在一个精舍的一间小阁楼上，一帮僧侣坐啸其中，霞客兴致勃勃加入进去，一同品茗清谈。当天傍晚，狮子林静室的兰宗禅师到他憩息处，给他讲述山中诸寺庙的缘起，以及诸寺僧侣先辈们的一些旧事遗闻。霞客在鸡足山时，多食宿于悉檀寺，寺中的弘辨、安仁两僧，曾特意把他们师父撰著的《禅宗赞颂》《老子元览》《碧云山房稿》等书捧出来给他看。寺中另一僧人体极，收藏了其他一些人的诗卷、诗札、画稿、图章等。霞客第二次上鸡足山期间某日，他拿出这些物件，与霞客一道细细摩挲赏玩。隔一天，体极又把其先师的随笔、诗稿拿给霞客看。摩尼寺长老复吾敬邀他为《七松册子》题写书名。寂光寺僧人野和，年纪轻而颇有文化素养，将他师叔寄赠的诗展示给霞客品赏，并拿出自己写的诗请教霞客。兰宗曾导引霞客游览狮子林的水帘、翠壁等景胜，霞客即景赋诗赠与兰宗。圆通庵僧人妙行，专门陪霞客游过华严寺，霞客又曾目睹他凝神静阅佛典的情景，心生感触，于是写了两首七律诗赠给妙行。霞客的手迹，至今仍然存留的，就唯有他撰书的这两首诗，保存于云南省博物馆，清雅劲逸的楷书，简直就是两人当时心境的写照。

留修《鸡足山志》

为名山修志，是我国的一种文化传统，徐霞客之前的时代早已有之。霞客在云南的最后一段岁月，是在鸡足山上潜心撰修《鸡足山志》。

这件事，说来实在重要。

鸡足山明代嘉靖以后日益兴盛，成为云南第一佛教名山，在海内佛教圣地中也名列前茅。霞客在山中淹留日久，一处处自然和人文景胜，倾注了他太多的心血，他的情怀、意绪，重重叠叠投寄在其间。他踏旅山河大地，一个重要的目的是厘正图经志籍错误、补图经志籍遗缺、为人们揭示祖国山川壮美景象，而且最终“欲尽绘天下之名山胜水为通志”[110]。这在他的旅游考察生涯中随时随地凸现出来。为鸡足山修志，是他“欲尽绘天下名山胜水为通志”这一文化追求的一次真正的实践。丽江土知府木增的诚挚礼请，也是促成霞客这一实践的一个关键因素。木氏土司与这座山有特殊的关系，是它的最大施主，木增在山上捐资修建了悉檀寺、华严寺藏经阁、九重崖一纳轩、文笔山尊胜塔院等。霞客与木增还未谋面时，因他人的介绍，对对方都已有些了解，而霞客丽江之行期间与木增面对面的交流，抒写了“中原文脉”与边疆民族文化融汇的一篇佳话。他们没有也不可能完全认同对方的某些观念和做法，但彼此间的情谊已然臻于淳厚。这几重因素交叠在一块，修志就成了顺理成章的事。霞客离开丽江前两天，木增特致书信“求修《鸡山志》”[111]。霞客第二次回到鸡足山后，悉檀寺僧专门遣人去丽江把情况报告木增，这显然与修志之事关联着。

霞客为修志所做的准备工作，相当充分。他的实地踏勘细致、深入，而且全覆盖；与山中众多寺僧频繁交流，调查访问实沉、到位；着力搜寻、稽考相关文献和文物。案头编纂的时间，依《徐霞客游记》的第一位整理者季梦良所说，为崇祯十二年（1639）九月到次年正月，历时三个多月。

三个多月间，霞客伏案撰作。而这时病痛缠上了他，日夜搅扰他的身心。与病痛的抗争，凝成他修志工作中的一道道剪影。

他自己在《滇游日记十三》中记述说，还在今保山、临沧一带时，他的头部、脸上和四肢，长了许多病变斑块，左耳和左足甚至不时出现蠕动的感觉。回鸡足山后，做过一些治疗。霞客的游记中没有告诉人们他的病情后来怎样了，但由他的东归反映出，他显然没能痊愈。他东归故里，不再是用他名闻遐迩的脚步去丈量，木增派了人用滑竿抬着他，至今四川宜宾附近走水路，辗转而回到老家。如果不是实属无奈,这样的事情你不可能想象会发生在他身上。季梦良所撰《徐霞客游记》序有言：霞客自滇“归而两足俱废”[112]。陈函辉为霞客写的墓志铭中说，他“病足，不良于行”，随之“留修《鸡足山志》”[113]。

冬春易替时节，霞客修成《鸡足山志》。它是开创之作，后世多次重修《鸡足山志》，体例、构架、基本内容等始终绕不过它。这部志书，是霞客植根于心的文化使命感的一个结晶，是他重叠的文化情结的一次了却。可惜得很，它已失传。失传的原因和过程，无法清晰得知。我们已经读不到那些裹卷着霞客气息、风韵的详章完构了，今本《徐霞客游记》末尾，附载《鸡山志目》《鸡山志略一》《鸡山志略二》，据此尚能略窥它的一些情形。霞客的付出流失在历史的时空中，这其中所反映出的文化传承的某些缺陷，引人深思。

丽江半月行

他与木土司结下的情谊至深至纯，离开丽江后还互相惦念，书信传音。但这只是一面，霞客的精神世界里，理性怎可被情感代替和淹没呢？

待为上宾

崇祯十二年（1639）正月二十五日，霞客入丽江境，次月十一日离境，在丽江仅只半月。到丽江后，有些地方他很想去，但最终没能如愿。如照他预想的，在丽江一带所花时日，恐怕应该更多呢。

霞客的丽江之行，为他后来东归故里埋下了一个伏笔。这其实是中国文化史上值得重重记录的一笔。他安然返归故里，后世才能读到他生命最后几年间“万里遐征”所撰写的几十万字游记。

霞客的丽江之旅，当属必然。那一方边地的自然风貌和人文事象，早已时时萦怀。长江从更遥远的西北雪域高原奔腾而来，投身丽江，应该可以获取有关它的更多的信息，进一步增加对它的感性认知和理性求索。要知道，探察江源，是他几十年的一个心结。他还想，到了丽江，看看情况，能否有可能往西北进入藏区旅游考察。丽江的地方最高长官木增土司，以向慕中原文化而为时人推重，同时代内地的许多文化名流对他多所赞许。霞客从家乡出发时，可敬的尊长陈继儒就给他特别介绍了木土司，又另给木土司写了书信，将霞客万里赴滇的消息告知了他。鸡足山与木氏土司家渊源深长，霞客在鸡足山淹留时久，可以说已经与木土司进行了跨越时空的某种交流。

木土司专门派了使者到鸡足山，迎护催促霞客北上丽江。在丽江期间，霞客被待为上宾。木土司在他的别墅，以“极重礼”约见霞客：地上铺了平板，平板上再铺席子，霞客被请了坐在席子上，而主人坐于平板下，而后宾主长久叙谈。款待霞客的宴席，菜肴竟有“八十品”。随后，他又数次向霞客馈赠多种地方名特物品及金银等。

文化使者

霞客在云南，文化使者的形象不时凸现。在丽江，这一风采通过几件事展示得尤为饱满。

第一件事是给木增的诗集撰写跋文。

木增土司喜好读书。《明史》说，云南各地土官中，若论“知诗书好礼守义”，丽江木氏可数第一。木增在其家族历代土官中，又堪称翘楚。他经常创作诗文，并将自己的两百多首诗汇编成《山中逸趣》。木增对这本诗集应该是颇为自负，与霞客见面后的第三天下午，他就请霞客为该书作序。霞客欣然允诺，说自己一生“遍觅山于天下”，每于山中得“逸”获“趣”，与木增此书想要表达的主旨正好契合，于是“喜极而为之序”。他随即便酝酿、动笔，次日就将序文送呈木公。只是，霞客得知之前已有章台鼎和唐泰为这书写了序，所以把自己写的“序”置于书末作了跋。

《山中逸趣跋》仅五百多字，不长。霞客当时用奇诡的篆书写成，刻板时雕工的刻画又有讹误，这样一来，后世便难于辨读。在相当长一段时期中，哪怕一些文化名流，也总是没能辨识其中的某些文字。经云南、上海、北京等地一批学者不懈地切磋琢磨，最终得以全文识读。

这是一篇申说霞客深邃思想的论文，没有旁枝芜叶，开门见山，从头至尾论说一个主题，即人们应该寻求什么样的“逸”“趣”？人们在山中的活动，展示在山中的形象，与所应寻求的“逸”“趣”有着怎样的关系？他明确说道：“非天下皆劳，而我独逸，天下俱悲，而我欲趣”。[114]

有一点需得说明。今本《徐霞客游记》崇祯十二年（1639）二月初二日有言：“求作所辑《云薖淡墨》序”[115]。《云薖淡墨》是木增的另外一本书，它并没有霞客写的序。这很可能是后人整理霞客游记时，混淆两书名称而致误。实际情形是木增向霞客“求作所撰《山中逸趣》序”。

第二件事是标校木增的另一本书——《云薖淡墨》。

木增广阅儒家典籍，边读边摘抄诸书原文，又每每试图以佛、道之语做些阐释。日积月累，分册编辑，成《云薖淡墨》一书。霞客撰就《山中逸趣跋》的第二天，鸡足山的一个僧人给木增缴呈在省城誊录的《云薖淡墨》，木增随即遣大把事将书送给霞客观览，同时请霞客对这书进行校正。呈放在霞客面前的《云薖淡墨》，誊录较为工整，然而错讹字词很多，编排无序，脱漏、重复、颠倒等情形甚为突出。于是，霞客向木增建议，除校对文字外，还应当依据书的内容分类编排。很可能霞客的行程本来另有筹划，而木增听了霞客的建议却顺水推舟，“求再停数日”，“烦将《淡墨》分门标类”。霞客自然只能“从之”[116]。接下来数日，霞客在解脱林闭门校勘、分标此书。解脱林为丽江名寺，寺后建有木增经常憩息的别墅。因“迫于校雠”，寺中拱寿台、狮子崖等一些景观，霞客虽有听闻而未得游赏。霞客潜心伏案那几天，木府的大把事在一旁候着，这似乎是一种无言的催迫，让霞客竟然感到心有不安，以至连续几夜挑灯奋战，都是到了半夜才就寝。四天后的清晨，大把事取了霞客校勘分标好的书飞马而去，霞客却“迟迟起”。这于霞客真是极少见的享受。连日由昼及夜的工作让他如此强健的体魄也感到了疲倦么？或许，他只是想多躺一阵回味一下刚刚做完的这件事？

不无遗憾的是，木增编撰、徐霞客整理的《云薖淡墨》分六卷，今仅存第三至第六卷。那点点滴滴浸润于字里行间的心血、情思，无奈地流失了！后人每念及此，不免顿生几分酸涩感。

第三件事是评点木增之子的作文。

木增倾心汉文化，自然希望他的后代在此方面继续传扬，有所造诣。他以多种方式，用心培养诸子学习汉文化。霞客在丽江那段时间，木增四个儿子中，长子、三子为防天花传染，到深山中躲避。四子新近考入毗邻丽江的鹤庆府府学。木增想，总要让他从徐霞客那里获得些教益才好。编校完《云薖淡墨》的第二天，木增即致函霞客，恳请霞客在作文上给他家四公子一些有针对性的指教。霞客应允。

评点一下作文，似属平常。可这事的前前后后，竟组合成了一幅浓淡相宜的人文画，想起来、说起来总是令人回味遐思。

地点是木增选定的，在他的私属宅第木家院。那天早晨，木增让四公子先到木家院等候，另外派人接了霞客骑马前往。到得院落外，大把事出门迎接。一进大门，四公子又前来迎候，引入内厅，“拜座进茶”，然后拱手作揖，让进安排好的写作之处。那里临时搭建了一个松棚，地上铺了新采摘的松毛，借以表示礼节隆重。霞客和四公子在两张桌子前各自坐定，大把事随即献上纸笔。接着大把事一边递上木增致霞客的一封信函，一边转达了木公的一番客套话语：“木公说本地方没有名师，难以窥见中原文脉，请求霞客现场作文一篇，以使四公子知道作文的基本方法、范式，并作为长期效学的蓝本。”木公书信中表达了类似的意思，并礼请霞客为其子修改现场写作的文章。信函中，木增附了所出的一道作文题：“雅颂各得其所”。于是，两人挥毫运思，待结笔，已是下午。霞客先泛览了一遍四公子的文章，感觉“颇清亮”。依照木公之意，他要对该文“细为批阅”。将要举笔，一旁侍奉的二把事请小憩一会，说院中有可称南中之冠的茶花，先去赏赏茶花，用点餐，再说修改文章之事。霞客应邀前去观赏那茶花，果然名不虚传。树龄六十余年，数层楼高，枝叶遮蔽了周遭几亩地方。赏完茶花，入席用餐。四公子虔诚敬酒，频频夹菜，把一些地方风物向霞客娓娓道来。夜幕降临，筵席方散。二把事领了霞客的作文呈送木增，四公子的作文交给霞客，“乞细为削抹”。霞客那晚住宿一村民家，安顿下来后，“挑灯评文”。[117]

徐霞客的丽江之行，与文化有关的，还有一件重要的事。他离开丽江前两天的游记记道：木增“再以书求修《鸡山志》”[118]。为鸡足山写志，是木氏土司的夙愿，现在，遍游各地山川、广阅地志的徐霞客来到了这片土地，当然是再合适不过的人选。霞客到丽江后，木增多次给他写书信，两人又曾当面纵叙。因此，请霞客修《鸡足山志》之事，此前必然已经谈过。

数月之后，霞客再次上鸡足山，编修《鸡足山志》。

秉笔直书

徐霞客在丽江享受了极高的礼遇，与木土司的交往成为佳话。不过，他游记中关于木府、木土司的一些片断记述，木氏却是一定不大喜欢的。

你看，霞客都说了些什么呢？

邱塘关为从鹤庆府进入丽江的门户，不管出关或入关，“非奉木公命不得擅行”。“远方来者必止”，守关人汇报后，命其入关方能继续前行。一段时期中，明朝选派到丽江府所属几个州的长官，都驻留省城，“无有入此门者”。朝廷的诏命，往往也只是来此迎领，“无得竟达”。[119]

丽江府对朝廷采取怎样的态度？它境域辽阔，“且产矿独盛”，而矿冶之利归本府独享，故而在明代云南若干土府中，它最为富有。木氏世守一方，若朝廷大兵临境，则摆出一副俯首谢罪、不作抗拒的姿态。朝廷兵退，“则夜郎自雄”。[120]

丽江虽为边陲，木府却建得富丽堂皇。霞客几次过木府前，都未得入内观看。他只是从旁人那里听闻，里面“楼阁极盛”。封建时代，建筑的规模、样式、材质等是与政治级别对应的，而木府中“多僭制”。大概因此之故，木氏土司一般不在木府接待宾客。[121]霞客也只是从外面宏观瞥览，感叹“宫室之丽，拟于王者”。[122]

霞客在丽江期间，对忠甸（今香格里拉）有所耳闻，于是向木增表达了前往旅游考察的愿望。木增没有当面直接回答他，而是写了书信，说忠甸“路多盗，不可行”[123]。霞客猜测，木增书信回绝的背后，很可能是大把事担心所辖区域内的有关情况被外人窥探而从中作梗。霞客在解脱林了解到泸沽湖一带的有关景胜，于是“神往而思一至”，在给大把事的书函中提出：可否导引他前去一游？大把事答复说：那里道路艰险，万万不可冒险而去。霞客仍然认为，这不过是托辞而已。诚然，木增应该有考虑霞客安全、身体承受能力等的好意，可是，一辈子对未知的自然、人文怀着强烈探求欲望的徐霞客，不能足履他心怀憧憬并且觉得有条件去的地方，心情何等难受！或许真如霞客猜测，木府人员给他的回复确为托辞，他的愿望未能得偿另有原因。[124]

木氏土司给予霞客的款待，真是隆重盛情，非一般人可比。而他偏偏写下了如上所述的这些不恭之词。他怎就不为尊者讳呢？怎就如此这般有话直说了呢？

其实，这并非是心血来潮时的随意着笔。

霞客写自然或是人文，注重纪实，实描景物和直抒自我感受是一贯的风格，也往往不隐讳对有关人物、事件的看法。他有着强烈的国家意识，希冀政治清明，社会安定，官吏尽职尽责守土理政，民众安居乐业。土司制度作为那个时代西南地区广泛实施的一种重要制度，数年置身于这片土地的徐霞客，不可避免地要直面它。在广西、贵州和云南，他都分别涉足了一些土司区域，耳闻目睹土司地区的社会历史状况，留心土司的所作所为，思考土司制度。以云南来说，他做了不少考察探究。例如在罗平州，他就万历年间土知州者继荣作乱被朝廷平定之事写了专条；到寻甸府，专门就嘉靖时土知府安铨作乱被平定从而改土归流进行考述；自丽江南返，经过鹤庆北境时，了解到与丽江接壤地带的少数民族，属鹤庆土官高千户统辖；对顺宁府和云州的改土归流甚为关注，特意调查；将蒙化土知府和景东土知府作比较，得出前者“世代循良”而后者“骛骜”的看法[125]。

说起来，给徐霞客的灵魂和身体造成最强烈冲击的，要数滇南土司普名声及其家族。霞客入滇之前数年，普名声为乱。他旅经滇南时，大规模战事虽已结束，但战火之后一座座村庄、城镇的惨状仍然呈现在他眼前；滇南广大区域仍然笼罩在土司强压的阴影之下。比如广西府，府城以外地域，“皆普氏所慑服”[126]；战乱中民众所受灾难的情景随处耳闻；昔日大道成为荒径，民众的生命、财产时时受到威胁。霞客在临安府境，以及从广西府城出发前往师宗州途中，都曾历经普氏之乱后形成的险境。亲见、亲闻、亲历的种种景象，一定是长久萦绕心怀，进而引发思索。为此，他的《随笔二则》之一，专写普氏之乱。浓缩的文字中，凸显他的情绪、思考，引出了诸多问题，比如酿成普氏之祸的原因是什么？普名声为乱的数年间云南地方大员乃至朝廷的处置是否得当？当地官民对普氏为乱何以没有表现出同仇敌忾的气象？等等。这些问题，霞客直接或间接地表达了自己的观点。更有意义的是，它会导引人们深思。跋涉了滇南大片区域，结合他在广西、贵州的考察，霞客在游记中写下了这样一些话语：一些土司毁伤、摧残百姓，“乃其本性”；有的土司对边疆稳定和国家疆域造成危害，此种势焰“不可长也”；诸多少数民族群众遭受土司的蹂躏、欺压，“真是痛心疾首！”[127]

这样再回头看他对丽江的记述，就不难理解了。他与木土司结下的情谊至深至纯，离开丽江后还互相惦念，书信传音。但这只是一面，霞客的精神世界里，理性怎可被情感代替和淹没呢？

探问金沙江

我国古代的人们关于江源的探寻和论说，堪为一部眩目的文化史，霞客为探江源而倾心用力，织就了极其出彩的一个篇章。

欲探长江源

长江，中国大地上第一巨龙。

千百年来，人们对这条滋养了中华文明的大河，认识逐步发展。

它的源头在哪里？它的主源是金沙江还是其他河流？这搅弄了古往今来太多人们的神经。探索者们会提出这个问题，寻常人士的脑际也会闪过这个问题。古代漫长的岁月中，江源之谜横越时空，虽代相索解而总是若明若暗。一方面，汉魏时代的一些人，已对金沙江有相当程度的认知。金沙江当时称绳水，东汉时的《汉书·地理志》、北魏郦道元的《水经注》等文献都记载说，绳水源出悠远，与大渡河（当时称若水）等河流汇合，在僰道（今宜宾）人大江。隋唐以后对金沙江的认知更加逐渐清晰具体些，这可从诸多文献的记载得到映证。另一方面，《尚书·禹贡》篇说“岷山导江”，此书为儒家经典的“五经”之一，故这个说法的影响实在很大。历代很多的人们，因此而认岷江为长江主源，不予怀疑。当然也一定有很多人质疑，但或只是存问于心而不敢公然表达，或探求而无果，或提出异说但不获登主流殿堂。

这样一来，自汉魏时期至明清，关于金沙江和长江源的一些正确认知，就始终未能广泛传播开去。类似《汉书·地理志》、《水经注》中那样的记载，各时代都只会有那么一小部分人把它当回事。岷江为长江主源的说法，长期笼罩知识精英阶层。

徐霞客一生探山问水，寻究各地大小江河源流是他旅游考察生涯的重头戏。无论从哪个角度说，江源问题的魅力，于他而言，无疑极大。

徐霞客到过江源地带吗？这是他长久的梦想，却没实现。吴国华为霞客所写《圹志铭》中说，他“单装徒步，行十万余里，因得探江、河发源”。[128]陈函辉《徐霞客墓志铭》和钱谦益《徐霞客传》都说，他“复寻金沙江，极于牦牛徼外”[129]。明清诸多文献记述金沙江，都笼统说它源出“牦牛徼外”，所指地域为今云南西北境再往西往北的地方。霞客的足迹，止于丽江城及其周边不远之处，没有“极于牦牛徼外”，也没有“得探江、河发源”。

远观近察金沙江诸多支流

徐霞客在云南的活动，与他探长江源有着怎样的关系呢？

云南是他置身野外“溯江”最远的地方，在云南的探寻，使他最终坚定地写下了关于江源问题的结论。

从滇中到滇西北，他一路探问着金沙江前行。循着他的心思和足迹去看，不难发现，他去滇西之所以取道富民、武定、元谋一线，金沙江情结实为关键性因素。

他考察汇入金沙江的好多重要水体。

崇祯十一年（1638）九月下旬至十一月初的一个多月，霞客在滇池地区盘桓迁延。他投入很大精力，对金沙江水系的云南最大高原湖泊滇池寻源究委，卓有成效地进行了考察。他特意深入滇池入湖主河盘龙江源头区域，登山岭，蹚溪流，过村寨，观泉源。又循盘龙江而下，几番行船滇池，环绕滇池南部岸线观览。还细致踏勘了滇池下流螳螂川的出湖口至安宁州一段。并且，他在晋宁州城时就表示日后前往滇西，想要取道富民县“观螳螂川下流”[130]。他十一月中旬过富民县，好几次多地段与螳螂川“谋面”。其中一次是在县城东南面，川流呈“大溪汤汤”之势，先往东北流一段，再蜿蜒“转北去而入金沙江”。[131]他十一月底至十二月初过元谋县，在今县城以北至金沙江边一带活动多日，其间曾沿西溪（今龙川江）河谷穿行，直抵金沙江上。十二月下旬他过宾川州，在州南境时以为“川中之水当西转出澜沧江”，待继续往北勘察，“始知宾川之流乃北出金沙江”。[132]在鸡足山，他攀岭钻箐，远观近察，弄清山北、山西的水流都流到鹤庆境内，“与宾川之流，共北下金沙大江”。[133]

次年正月间，他经鹤庆往丽江途中，费了不少气力探察金沙江的一条支流漾共江（今漾弓江）。好几处沿流而行，观察、审度它的流向，还查看、渡越它的一些支流。此河自丽江南下，到鹤庆城东南区域时，屡屡潜入石穴中，转为地下河，有所谓一百零八穴之说。他对此甚感兴趣，查阅文献的有关记载，向当地人打听汇水石穴形成的传说，选了个特点突出的石穴，目睹水流“旋穴下灌，如坠瓮口，其声呜呜”的景象，又越岭坠壑，披荆棘穿草石，去到水流从地下涌出的地方，见水从石隙间“泛溢交涌”，“雪跃雷轰”。[134]

霞客的上述诸般活动，关涉金沙江，已蔚为大观，让人叹服，但假如缺了亲睹金沙江干流一环，当然说不过去。滇境全线都看吗？绝无可能。那就多看些点吧，可是各方面因素一综合考量，这也不大现实。他的做法，是选取典型河段零距离接触。

霞客将目光聚焦于元谋县北一段金沙江。这是金沙江干流纬度最南的段落，江流较为平缓，江面颇为开阔，局部常能通航。江两岸平滩展拓，形成著名的干热河谷，哪怕隆冬时节置身江边，也往往热气蒸腾。古代文献中对这一片河谷区域的瘴热景象，多有描述。

霞客冬月底腊月初投身元谋，初到元谋时的游记已缺佚。今本《徐霞客游记》中关于元谋段金沙江的文字虽然不少，但却是综述性记述，其中一些录自文献，也有一些为访谈所得。人们读到的，几乎都不是他直笔摹绘游踪的文字。综合判断，他是冬月底那一两天到金沙江边的。终于直面长久探问着的江流，对它本身及其周边景象，怎能不详书细描呢？只可惜，这些文字很可能将永远不复得见。

还好，他由今县城一带北去金沙江，行船江上，以及到江北游观探访的那些鲜活立体的情节，仍透过那些综述性记载隐隐约约地呈现出来。他说，龙川江东岸有个海闹村，“其村有木棉树，大合五六抱”[135]。他从县城以北南北延伸的坝子中向北遥望，有一座方顶的大山高高矗峙，与江北岸川滇界山“骈拥天北”，以至于他开初以为两山都在江北。“及抵金沙江上，而后知江从二山之中，自北而南”，流绕西山的东面和东山的南面，“始知此方顶之山，犹在金沙之南也”[136]。江北有一片当时称为江外的地方，为云南所辖。向来关注政区分界的他，脚步自然要被牵引。他渡江而北十五里，去到江驿（其他文献作“姜驿”——引者）。他在驿站附近驻足好一段时间，把县城以北纷错叠绕的重重山岭和注入金沙江的水流，做了一番详细的审辨。驿站还不是分界处，于是他由江驿后“北逾坡五里”，见到“有古石碑，大书‘滇蜀交会’四大字”。[137]他在这古石碑前，定然又是好一阵的走，看，思索。

霞客探问金沙江的活动，还有一段涩滞的尾声。

在丽江期间，他曾写书信向木增土司提出，“求往忠甸”。[138]又“闻有古冈之胜”，“神往而思一至”，希望木家能安排人导引他前去。[139]忠甸即今迪庆藏族自治州首府地区，古冈为今川滇界湖泸沽湖及其周边，两地一在丽江西北，一在东北，从丽江前往都必须要横渡金沙江。他又曾想取道九和去剑川，途中可看到长江第一湾石鼓一带的景致。这些如能遂愿，就将再睹江流实况，岂不美哉！木府综合考虑所去地域的社会实情、沿途道路状况、霞客身体适应能力等因素后，没能允诺他的要求。那时的他，为此而心存遗憾。

凡事多难以圆满，霞客探问金沙江也出了个不算太小的错误。他在滇中寻甸、嵩明时，足勘目览了金沙江水系的一条支流，不想却将其错归为盘江水系。

嵩明州境的嘉利泽，一派汪洋。霞客在多个地点观察过它，曾于州城背后的山上“全见海子之水”。[140]出湖之水流到寻甸为牛栏江（又称车洪江），再北流数百里汇入金沙江。停留沾益州城时，恭起潜给他讲盘江源流，指认出湖水流为北盘江上流。他到了寻甸一带，经过一些实地踏勘，还“屡讯土人”[141]，但没相信当地人告诉他的正确结论，仍旧坚持恭起潜灌输给他的说法，明确地在《盘江考》中写道：嘉利泽之水“乃北盘江上流也”。[142]

只需稍稍回顾霞客探寻盘江和金沙江源流的种种艰辛情形，就会会发现，哪怕是他偶尔在错误路径中行进着，身影竟还是恁般奇伟、挺拔！

《溯江纪源》

徐霞客在滇期间围绕着金沙江所进行的阅读、访问、踏勘、思索，从更高层面去看，直指江源问题。

终于，他对江源问题有了漂亮的回答，写成《溯江纪源》。

钱谦益在《徐霞客传》中说，霞客还未回到家乡时，托人给他寄物品，“并以《溯江纪源》一篇寓余”，“其书数万言”。[143]陈函辉《徐霞客墓志铭》中提到，他获读《溯江纪源》，觉得它意义特殊，与友人江阴县令合计，将它刊刻于《江阴县志》和《靖江县志》中。《江阴县志》成书于崇祯末年，按县志编纂者冯士仁所说，霞客晚年东归故里，“出《溯江纪源》”，后被收入县志。清代以来不同版本的《徐霞客游记》通常都收录《溯江纪源》，源头即是《江阴县志》。但是，流传至今的这篇文献，通共只千余字，与霞客寄给钱谦益的文本相差甚远。清乾隆年间，霞客家乡人陈泓花了很大气力整理《徐霞客游记》，他明确说冯士仁所编县志刊载的《溯江纪源》“非全文也”，“此考原本已失”。[144]

霞客的鸿篇巨制被删削，实在可惜！只说这个残缺品吧，仍是洋洋洒洒，掷地铿锵，蔚为雄文。明清时代自不必说，即使放在当今研读，虽然它的一些主要结论已被更加清晰、准确的认识所代替，但它通篇融贯着的探索科学奥秘和启迪人文的精神、思想总是扑面而来，其中透示出的求索过程令人仰叹，求索方法依然实实在在可资借鉴。

我国古代的人们关于江源的探寻和论说，堪为一部眩目的文化史，霞客为探江源而倾心用力，织就了极其出彩的一个篇章。他探江源，历经一长期过程。由文中论述可知，他阅读很多相关文献。从中年到晚年的岁月中，他穿行中州大地，北涉三秦山水，南历五岭区域，其间从来都不曾舍弃过关于长江水系的考察，并把它与黄河水系联系起来探究。在滇云大地上探问金沙江，使这一考察最终落槌定音。

那么，就让我们引用霞客《溯江纪源》中的一句点睛之笔作结吧：“推江源者，必当以金沙为首”。[145]

苍洱览胜

霞客的大理之游乃是有备而来。他投身自然，观察人文，于苍洱之间的众多重要风景名胜“足勘目验”。他足履所及，率多可称深度旅游，详观细察，探源寻委。他“以性灵游，以躯命游”的旅游思想和方式，在这方土地上又一次得到诠释和升华。

向往苍洱

大理苍洱之间的壮美景胜，从来具有醉人心魄的无限魅力。

山水雄阔奇丽，历史与文化代相积淀，使这一方土地很早就闻名天下。风、花、雪、月铺排出的锦绣画卷，南诏、大理都城的流风遗韵，一切的一切，对旅游者产生了极大的诱引力。尤其是元明以来，文士墨客、游人官宦乃至商贾流寓，每每倾心于此地。他们游览之余，挥洒笔墨，于是，流传后世的诗、文、游记，便连篇累牍。比如，元朝的郭松年考察了大理一带的民情风物后，写了《大理行记》，成为古代边疆行记的名作。书中特别描摹苍洱景致，“以见江山之美”。[146]明代著名旅游家和地理学家王士性，最是倾心苍洱山水，自谓“游行海内遍矣，惟醉心于是”。他说：“乐土以居，佳山水以游，二者尝不能兼，惟大理得之”。[147]历代许多的诗文、游记，都表达了与王士性这句话类似的意蕴。

徐霞客对苍洱景胜早已向往。在他游览考察滇西的整体筹划中，大理城及其周边一带是怎么也少不了的重要节点。有关大理的诸多诗文记载，他必定早就读了很多。还在鸡足山时，他已远眺过苍山。出丽江境后，他经剑川、洱源南下，途中友人给他讲述了大理的一些自然和人文情形，他也一路留意、询问，攒足心情。终于，崇祯十二年

（1639）三月间，春暖花开的时节，他踏入了这一方乐土。他十一日上午进入上关，二十日出下关，徜徉于苍洱之间整整十天。

勾勒形魂

徐霞客游览考察了哪些地方？他怎样游览考察？

苍山以东，洱海以西，北起上关，南至下关，明代时的城池、城堡除大理府城外，还有上关关城和下关关城。它们坐落在苍洱之间的合适地方，互为犄角，各自发挥着不同的功能，可谓闻名遐迩。

霞客很是在意两座关城，简洁的文字，描摹、勾勒出了它们的形和魂。

上关关城又称龙首关城，地理位置特别，形势险要。霞客从洱海尾闾自北而南来到上关，先在城外对周边形胜做一番宏观概览：浪穹县、邓川州西境的巍巍山岭，迤逦南行，雄峙为点苍山北界第一峰，它自西向东横突一支，直抵关城；在关上眺望西边耸峙的山峰，从高处往下，坠陷为一处处坑壑，"后如列屏，前如连袂"；关城筑于咽喉隘口，雄踞洱海北端，"当山垂海错之处"，扼南来北往大道要冲，成为大理城"北门锁钥"。当然要进关城，于是他入北门，穿城而过。城的规模倒是不大，进城后"半里出南门"。[148]

下关关城又名龙尾关城。浩淼的洱海水，从湖的西南角西泄而去，河南面高峻绵延的山岭“自东横亘而西”，直薄云天的苍山尾间矗峙于北边。“中穿一峡，西去甚逼”，“峡口稍旷”，关城便营建于其处。城墙依两边山崖垒筑，大石梁飞跨溪流之上，“以通往来”。[149] 那时下关一带的景象与后世迥别，游记中甚至没有记载村落，至于城镇那更是后世才兴起的。

徐霞客在滇期间，旅经五十余个省、府、州、县治所城市，在不少城市淹留日久，对很多城市的城池每有考察、探究，关注它们的规模、形象、地理环境等，撰写了一系列相关的综合性专条。有着华丽身世的大理府城，霞客自然要去触碰、感受。他若干天活动于大理府城城池内外，进进出出，定然是获取了相当程度的感性和理性认知。但或许是有什么他没有透露的情由吧，他的游记于大理府城着墨不多，只间接地反映了它的某些局部情形。

从他的记述看，只有五天的游记简括地提及府城。不过，他倒是曾分别从东、南、西、北各城门进出城中，可说是遍览了城中景象。十三日傍晚，他出感通寺，沿龙尾关至府城的官道，经过七里桥、五里桥等地，由南门进到城中。随之“经大街而北，过鼓楼”，再“出北门，过吊桥而北”，入宿三塔寺。[150] 十六日，他从三塔寺经西门入城，去叩访一友人。友人的寓所在城西南隅关帝庙前，庙的景致他应是有所观览。而后他仍出西门“西向一里半”，去赶观音街子。[151] 十八日，他“由东门入城”，在城中店铺定购头巾，买了个竹箱，修补旧箱子，还拜访了友人。

十九日，他到城西南隅探访另一友人，友人家寓所前为清真寺，“即所谓回回堂也”，他于是顺便游览。寺门朝东，正对着南门内大街。寺内大殿前的门槛、台阶、窗棂下，铺的都是大理石，“如列画满堂”，漂亮极了。几天前他曾到三塔寺前石工家观赏大理石，得知清真寺一石碑下的石座，为有着枯梅纹路的大理石。这天进寺，目的之一是为寻觅它，但却没见到。二十日，他经西门入城，再次去清真寺，终于得以“观石碑上梅痕”。[152]

大理府城的商贸，明代时闻名遐迩。城中店铺栉比，行商坐贾经营着各色行当。城外的观音街子，尤其具有突出的影响力，成为这座城市的一大招牌。

霞客专门赴街子游观感受，将生动鲜活的情景记录了下来：

观音街子“设于城西演武场中，其来甚久”。每年的三月十五日为街子之始，抵十九日而散。它简直就是名副其实的大型商品交易会，“十三省物无不至，滇中诸彝物亦无不至”。但时至明末，“数年来道路多阻”，各地物品大为衰减。开市那天，霞客约了友人同往街子，途中风雨夹杂着冰晶骤至，只好半道而返。第二天，再赴街子。进入演武场，只见到处“结棚为市，环错纷纭”。“男女杂沓，交臂不辨。”热闹的场面掀动了他的情绪，他于是四下游走，“观场中诸物”。北边的马场给他留下深刻印象，“千骑交集”，还有几个骑手纵马驰骋于场中。交易的货品，以药物、毡子、布匹以及铜器、木具等居多，也有几种乡村私塾使用的书籍和应付科举考试的时文，而且还是他家乡一带刻印的。他特别留意，无旧书售卖。直至暮色降临，他才走出街子。[153]

明代云南的志书中，景泰《云南图经志书》、天启《滇志》等，没有记载观音街子。也有诸多文献，记述了它繁盛的商贸景象。正德《云南志》说街子期间“云南各州县商旅各预赍货物”前往贸易，嘉靖《大理府志》说“十三省商贾咸至”[154]，《滇略》说“天下之商贾皆来贸易，若长安灯市然。[155]霞客所写下的关于观音街子的文字，是亲历亲见后的实录，实不多见，极其珍贵。

投身苍山

霞客在苍洱之间，除开出入城池和府城周边几个著名寺宇外，主要便是投身苍山了。他选择多个地点从不同角度观览山势，赴山麓蝴蝶泉，又以探险的方式游览苍山深处的古佛洞和清碧溪。诚然，这些地方旅人们大凡都要去，但霞客的探游，多有独特之处。

还在上关以北，他就认真观察苍山北界的峰峦。出了上关关城南行，一路频频西眺，他眼中的十九峰，“皆如五老比肩”[156]，峰与峰间坠陷为一个个坑谷。再往南到周城一带，他经反复审度，觉得比肩连袂的十九峰“大势又中分两重”。北重从龙首关向南延伸至洪圭岭，它的支脉往东拖展，从洪圭岭后耸出，成为南重第一岭，自此绵延而至龙尾关。洪圭岭的前方，一条小岭蜿蜒错转，直瞰洱海中。所以，“不特山从此叠两重，而海亦界为两重焉”。[157] 霞客这一具有地理科学意义的划分，很值得注意，观明代诸文献，并无将点苍山大势划分为南北两重的类似说法。

点苍山的峰、溪名称，极具文人书卷气息。《僰古通纪浅述》说，南诏劝丰佑时，“开点苍高河，定十八溪涧十九峰峦之名”，并列述了各峰、溪的名称。[158] 但唐人樊绰的《云南志》，尚无记述。元代郭松年的《大理行记》，只笼统地说“峰峦岩岫”，“派为十八溪”，无“十九峰”之类称名。[159] 明代的几部地理总志、云南省志以及《（嘉靖）大理府志》等，都列记十九峰名称，然不尽一致，好几座峰的名称互有差异。实际上，一些峰峦的名称，应该是经历了一个演变的过程。霞客阅读了《大明一统志》等文献，知晓点苍山峰峦名称，游记中还提到了中和、玉局两峰。《大明一统志》自南而北列点苍十九峰次第，他不认同，认为这是“反以龙尾为首也”。[160]

点苍山麓的蝴蝶泉名气很大，自然吸引了霞客的脚步。

《徐霞客游记》中称今蝴蝶泉为蛱蝶泉。霞客履经大理之前，对蛱蝶泉“闻之已久”。[161] 除开从文献中读到有关记载外，还在广西三里城时，他在那里结识的陆姓好友就已为他讲述过此泉的奇异。过上关后，他就寻着它而去。他沿着通往大理城的南北向大道，行至波罗村，在当地人的指点下，折向西“望山麓而驰”，路边“有流泉淙淙”。[162]

霞客给出了两幅蛱蝶泉的景象。抵达山麓，呈现在他眼前的是这样一幅景观：一抱粗的大树，“倚崖而耸立”，清澈如镜的泉水从树根下石窍中冲激而出；稍微往东，崖下又有一棵小树，仍是一眼小泉从树根涌起。二泉汇拢处是一丈见方的池子，淌出去便是来时路边所见的那淙淙流泉。霞客已观泉涌，但他去时时令不合，未见蝶舞。所见所闻景象，令他心驰神往：泉眼上边的大树，每年四月初就开花，那花如蛱蝶一般，触须翼翅栩栩如生，看上去与活蝴蝶真假难辨。却同时又有千万只真蝴蝶，触须连缀腿足钩牵，自树梢倒悬而下，直垂挂到水面上，“缤纷络绎，五色焕然”。四处各色游客，都会从这个月起，邀约亲朋成群结队地来观赏这一奇景。一直要到过了五月间，这景象才会消失。他询问当地人，有的说蝴蝶就是树上那些花变的，又有人说因为花形与蝴蝶相似，于是引来了真蝴蝶。孰是孰非呢？他不得而知。泉边大树四月绽放的花，在他看来就是这方乐土的一种“奇葩”，遗憾的是他没赶上花季。就这么离开了吗？真有些不舍，“乃折其枝、图其叶而后行”。[163]

点苍山为著名景胜，明代的不少文化人都曾作游览并写有游记，如李元阳、杨升庵、王士性、何镗等。徐霞客主要探游了古佛洞和清碧溪，他的游览与其他人相比颇多异趣，更具价值。

霞客探古佛洞，带有一些偶然性。

他出了蝴蝶泉，见苍山一峡谷谷口“对逼如门”，就兴冲冲去攀爬。攀到陡峻的山坡上，遇到两个樵夫，好奇地问他去哪里，他回答说要深入山中去寻访胜景。其中一樵夫便告诉说：他走的这条路是人们的采樵之道，沿途没什么特别的景观。倒是南面山峡中有个古佛洞，景致奇异，但悬崖绝壁，难以前行，且若无引路者恐难找到。另一位老人有感于霞客“万里而来，不为险阻”，欣然愿为他做向导。霞客于是解下长衫，背在背上，随向导攀崖钻壑一路前行。离洞还有数里远，已是上下皆危崖绝壁，石崖间“积雪皑皑”，“旭日映之，光艳夺目”。到达洞的附近，一块岩石横架脚下，头顶石崖斜向飞刺长空，垂目俯瞰，深崖倒影不见底端。向导告诉他，上崖石窝间有个大水洞，下崖石窝间即是古佛洞。四下望去，却不见道路。向导说，原本有路，后上边崖石坠落，横压在古佛洞上方，道路被堵塞。霞客揪着树枝，向下滑坠，下到古佛洞口。洞门像裂开的一道缝隙，高而不阔。洞内分三层：下层坠陷，如一枯井，“俯窥杳黑而不见其底”，据说从前曾镶有石磴通到下面，点了灯火钻进去很是深邃。霞客去时石磴已废，也无灯火，自然无法下去。中层深三丈，石芽石笋等如花瓣纷呈，似窗棂排列，石质温润光洁；洞内狭窄但却明亮，进洞时如同披开帷幔踏上高台敞屋，坐在洞内顺着峡谷眺望，正好遥对洱海波光；洞门上方，一块岩石居中垂坠，俨如龙首倒挂，华盖中悬。上层位于中洞右侧崖壁的后面，通透而向上盘绕，看上去颇为幽深。无奈，中洞两边崖壁刀削一般，无从攀爬。它的前门处，两边石崖往中间挤凑，左崖向前伸突，上面呈现出猴子状石纹。猴头大如鸡蛋，似乎可以踩着那里腾跃到右崖，从而进入上洞。只是右崖斜矗，虽与左崖仅悬隔二尺余，手却无抓拽之处，而若置足猴头，也仅能掂着半个脚趾，很难跃升。以前也曾横架木板以供渡越，后废毁而无从寻觅。霞客辗转了好久，终于没能横渡，只好作罢。导游告诉他，数年前有一僧人栖居崖间，置放了多尊佛像，于是有了古佛洞的称名。后僧人离去，佛像被移走，原先垒砌的石阶和架设的梯子渐渐废弃无存，生成了此番闭塞的景象。霞客却感叹道：不闭塞就不奇特了啊。

霞客该是颇有些惬意地走出了古佛洞。

随后，他再度登上那块横架着的岩石，摸着崖壁往上攀爬，探了大水洞。此洞又是另一种景象：石崖间迸裂开来的地方便是洞门，像古佛洞洞门那样高而不宽阔，只是没有古佛洞层分叠砌的奇异景致。进得洞门后是一峡谷，峡谷左边有石片下垂，一敲击就会发出钟鼓一样的声音。往北探入三丈，到峡谷尽头再爬上石壁，便看到后洞壁半中腰有一凹陷处，外围石片峭耸，中间仿佛一剜削而成的石臼，手摸上去，感觉圆圆的而底部平滑，它乃是天然形成的贮积泉水的器物。滴水形成的一缕白痕，自洞顶垂坠石臼之中，“如玉龙倒影”。霞客观览赏玩了好一阵，带着余兴出洞下山。[164]

清碧溪探险游

游览古佛洞的第二天，霞客“为清碧溪游”。陪他同游的，有大理洱源友人何巢阿父子，以及三塔寺的两位僧人。

他们一路过小纸房、大纸房、石马泉、一塔寺等地，自清碧溪下游溯流而上，途中屡次横渡溪流南北两边。游了一程，一行人在一峡口处小憩，“解筐酌酒”，劝酬唱和。还只是下游，已是沿溪处处皆美景。比如他们小憩的那地方，一块巨石傍溪蹲踞，两侧岩石高险，“堆削如夹”。朝西面峡口内眺望，“掩映层叠”，简直就是当空悬挂的天然画幅：两边对耸，当中劈开，仅如一线穿越；远处峰头，垂雪皑皑。由那里往西半里，溪水从峡谷中捣倾而下，流泻在岩石间，石色光润腻滑，斑纹绚烂，尽显烟云意态。

进到清碧溪深处，幽谷、怪石、悬崖、碧潭，组合为一道道奇绝的美景。霞客醉游其间，探险其间。

在入溪第一潭，他曾遭遇险情。那潭位于逼仄的山崖夹门内，水流从夹门中突起的崖石上坠落，高达丈余，下面汇为两丈多宽的澄潭，波光晶莹映照。那块突起的崖石上的沟槽，经流水冲刷，腻滑得不能驻足。当时，霞客见两僧人已攀越至上面的石崖上，何家父子则想从溪涧中往北走，他却“独在潭上觅路不得”。于是，有些心急的他，想借道那腻滑的沟槽。没承想，他一投足石槽中，便滑倒了，与水流一道往下冲，倾注潭中，水没过了脖子。他本能而快速地从潭中跃起浮出，爬到一个石头上蹲坐下来，拧拧衣服上的水，穿上继续攀爬，到了崖顶还俯身仔细回望失足之处。再往西攀越，他俯身透过崖隙看到一水潭，方圆两丈多，水色纯绿，波光摇荡着黛影，映染崖谷，午时的艳阳又正好照射在潭中，于是满池“金碧交荡”，那光怪陆离的景象简直就不曾见过。那水潭周边的崖石结构很有些独特：三面石壁环绕，形成窝状，南北两面石门的崖壁耸入云天，后面即是峡底的岩石；崖壁石脚嵌陷而上端前突，下边与两旁石头连缀为一体，形似剖开的半个瓦瓮，并无丝毫缝隙透水入潭，再看前突的崖石之上，如屋檐一般覆盖于水潭上的地方，也无涓滴流水抛洒下坠；水流却总是自潭中向东面溢出，轰鸣着捣入涧槽，“如龙破峡”。霞客当然不会满足这一俯视，他攀着崖石向下，到水潭上方找了块石头盘腿坐下来，细观静享。多么美妙的时空啊，四围光影不仅把心中的杂念荡涤一空，就连身体的“一毫一孔”，也都“无不莹彻”。也是到了这时，他才脱下湿衣服在岩石上曝晒，就着流水冲洗腿脚，就着日光晒晒背脊。深山三月，阳光洒射，潭水浸身，冷暖二重感觉俱生，那冷，足以洗涤烦忧；那暖，如若怀抱了丝棉被子。

霞客的清碧溪之游没有到此返辙，而是接着往溪涧深处探险。他从曾经滑落其中的水潭上面，又“西逼峡门”。峡门往北，倾覆的大石崖凌空横架，可作憩息的亭榭。石崖前有块不大的平地，仿佛一垒砌的台子，从那里可以俯瞰澄潭，然而险峻逼仄，没法窥见全貌。这又一次激起他挑战奇观险境的欲念,想再进一步穷尽峡门内的两个水潭，并登览白雪悬覆的山峰。此刻，同游的何巢阿等人跟随不了他，也阻止不了他，只好相约回到溪口马匹停息处等他。他独自一人，乘兴转过崖壁，往西直向溪流上游钻爬。其间经过阳桥，那里“削壁无痕”，不能越渡，人们用石条沿着崖壁横空架起四五丈长的栈道。阳桥以上，一般游人鲜有涉足，霞客却怎么肯止步呢？依旧披莽攀石，向前探索。阳桥北边，叠垒的石阶嵌在崖壁间。再往北不远，叠垒的石阶断了，他于是返身顺石阶坠到涧底。涧底细流涓涓，像蛇一样曲折穿行在石块间，自西面第一潭流注第二潭。他当时只顾循着涧流西去，竟然不知不觉错过了第二潭。接近第一潭的地方，两边山崖排耸如门，门下两块巨石夹立对峙，上面又有岩石平平地覆盖着，如同房屋，而后边则被堵塞住了。石屋下边，水流汇为深潭，一派清澄碧绿。深潭后堵塞的石壁之上，涧水垂流而下，水声潺潺不绝，往东从石块间注入第二潭。直至此时，他还是一副急迫向前探查的心情，从涧中披历石块继续西上。到了这一段，纤细的水流消失了，而涧中一块块大大小小的石头，经流水冲刷洗涤，干净清亮，光滑细腻。那些小的他就踩踏而过，大一点的就攀着走，更大的则绕着爬上去。走了两里，巨石高穹，腻滑而无可攀援，只好从巨石北边山崖转入山箐。崖脚小路依稀可见，但被浓密的灌木丛遮蔽，那就披莽钻行。又走了两里，遇到一位捡拾枯树枝的樵夫，告诉他前方已无路，不再可以翻越。他却不信，径直向深密的竹丛中披拨西上。竹丛越来越大，也越来越密，终于路痕全无。他脱下头巾解开衣带，揪着竹子当绳索，茫然地又钻了一里多。可是再一看，他想要到达的雪峰，还隔着几重山岭。日头渐渐西沉，腹中饥肠辘辘，他不返程不行了。回程中，还特意观览了去时错过的那个水潭。一番畅游，最终虽未抵预设目标，却耗时已久，待回到事先约好的马匹停息处，何巢阿一行人已经先行离去，只留了顾仆等候他，他匆匆吃了点东西下山。[165]

古今游人中，如霞客这般探游清碧溪的，实属少见。

难偿未了之兴

霞客的大理之游乃是有备而来。他投身自然，观察人文，于苍洱之间的众多重要风景名胜“足勘目验”。他足履所及，率多可称深度旅游，详观细察，探源寻委。他“以性灵游，以躯命游”的旅游思想和方式，在这方土地上又一次得到诠释和升华，游蝴蝶泉及苍山古佛洞、清碧溪等体现得尤为典型。他不论入城市、经村寨，还是寻山问水，景观审美的意趣始终浓烈，而自然、人文考察的色彩亦复彰显。他以生花妙笔描摹一处处景观，据景直书，情景交融，读来引人入胜。

大理之游，霞客已然醉心。除上述外，他还游览了三塔寺、感通寺等，寻访拜谒了李元阳墓、杨升庵故居写韵楼等。游历景点颇多，收获亦大。但或许人们会问：他何以未泛舟洱海？其实，这应该不是偶然。霞客滇游期间，在不少高原湖泊边活动过，然游记中基本没有专门游赏湖泊风光的记载，数次行船于滇池中只是为了去昆明西山和晋宁城（今晋宁晋城）。诚然，生长于江南水乡泽国的他，于荡舟河湖之类，当无太多的兴趣。

霞客是带着余兴离开苍洱的，原打算自滇西保山、腾冲一带返回后重游。十七日那天，友人何巢阿与他分别，邀约霞客“自金腾东返，仍同尽点苍之胜”。[166] 这当然是霞客所希望的，为此还把一些行囊寄存在了大理。次年八月间霞客从滇西东返，第二次登上鸡足山后数日，便“欲往大理取所寄衣囊，并了苍山、洱海未了之兴”。[167] 但当时得到信息，丽江木土司可能会遣信使前来鸡山问讯霞客有关情形，寺僧体极等劝他推迟行期。不想，这之后再未能成行，重游的夙愿终未实现，给这片土地留下了一个遗憾。

探游滇西边地

将近四百年前，滇西边地还披着颇多的神秘色彩，旅游者到这片地方去游览考察很不容易，而事实上也凤毛麟角。万历年间以后，滇西边关形势发生了较大的变化，边防等问题更多地引起各界的关注，然而内地一般人士要投身这里就越发不便了，太多的人们都不大敢于前往。徐霞客在腾越州的风姿，成了明末踏旅这片边地最为伟岸的身影。

穷地复穷天

徐霞客一生，壮游天南地北，诚如唐泰《大游篇赠霞客徐先生》诗所说：“霞客之游穷地复穷天。”[168] 当然，一些文献说他西至昆仑山，探星宿海，旅大漠流沙，经考证研究不符合事实。他的足迹，最北到长城边的盘山一带，最东渡海游览属于舟山群岛的普陀山，最南至广东罗浮山及其以南一些地区。只是，这几个地方，霞客无完整系统的游记留下。他写了游记而后来散佚了吗？抑或没能撰写专篇游记？这是个未解之谜。

公元1639年初夏，霞客踏进滇西腾越州（今腾冲市）境。随后一个多月间，他穿梭在州境各地。这是霞客平生足履所到的最西一片区域，是大明王朝后期的一片边境区域。诚然，霞客内心深处涌动着足旅边境地域的情愫，而实际上他到过的却并不多。如今，眼前脚下的这一方山水，怎不让他倾尽心力，徜徉于其间呢？

一个人到了自己国家的边境区域，往往心绪是激越澎湃的，情感是跌宕起伏的。特殊的人文意蕴，牵引着你总是想要多看，多走，多思考。这一点在霞客身上，体现得尤为突出，他的腾越边地行，是自觉、主动、有准备的一次举动，这就注定了它会是一次深度游。

三十九天踏勘腾越

霞客四月十二日进入腾越州境，五月二十一日出境，历时三十九天。这期间，他以野外考察和游览为主，也花了一些时间访会友人、抄录书籍。行程紧凑有序，活动内容丰富多彩。如果以县级行政区为单元去看的话，就有明确记载的来说，腾越州应是霞客在各省区考察游览最为详尽全面的一个政区。

数十天中，他在腾越广涉四境。他上山下山，钻沟壑蹚川流，投宿寺庙、山村，询访僧侣、村夫。他跋涉的不少地方，山路崎岖难行，荆棘丛塞，甚或荒莽无路。山脉河流和地形地貌，他始终萦萦于怀，在那些高峻的山岭间、视野开阔之处，总要审度一番。对于沿途近旁铺排开的种种景物，他详细观察、欣赏，实描它们的状态。对于州城的有关状况，众多村落的自然环境、规模，州境北部几个矿场的相关情形等等，他也颇多用心用力。

既如此，让我们来大略看一下他活动的时空轨迹：

四月十二、十三两天，由保山、腾越间的传统交通线翻越高黎贡山，经州东境入州城。对沿途关、哨、铺、村寨多所关注。途中渡大盈江上源之一龙川江。

十四、十五两天，访会友人，写作游记。

十六日，出州城，拟去西北百里的尖山（即云峰山）。在城西南大盈江桥附近，他花了好长一段时间审度山水，把州城四面山岭和水流的走向、分合、名称，梳辨得清清楚楚。之后他游览城边跌水河（今叠水河）瀑布，并在当天抵达城西北八里的宝峰山。那里有诸多人文景胜，可以眺览远近山川。他在山上停留了四天多的时间，其间又把自州北部边境巅塘关南走而分出的支脉作了梳理。

二十一日，从宝峰山往北上了打鹰山，当晚住宿在僧人的佛龛中。在山上“遍观形势”，与山僧“周历峰前”，凭临眺览，细细点数起伏回环的远近峰峦。此山是腾冲活火山群中最典型的一座，霞客投向它的脚步和目光自是密集。根据当地人给他讲述的情形，他去之前三十年火山爆发过一次，或者是地震引发了山火，使那片地方的状貌发生了巨大的改变。原本满山生长着大树巨竹，遮天蔽日，还有四个深莫能测的龙潭。忽然有一天，惊雷过后地动山摇，几个放牧人连同五六百只羊杳然消失，大火连天连夜地烧，茂林丰草焚燎无遗，那几个水潭也成了陆地。霞客特别留意到，山顶那些火山喷发后浮沫凝结成的石头，它们颜色赭红，表面呈蜂窝状，比重很轻，看上去要双手才能合抱的一大块，两个手指就可以提起来。

二十二日，一路向北，翻山岭，渡溪流，过村寨，跋涉数十里，去到州北境固栋（今固东）。

二十三、二十四两日，从固栋往西北，到达尖山。在山中游览了一天多，攀峰崖，探洞窟，遍历佛道场所，拉上山僧一起“指质远近诸山”。

二十五日，继续北进，探游离国境线已经不远的滇滩关一带。

州北境明代有明光、阿幸、南香甸等六个银矿区，远近闻名。极边区域的矿冶场所，这自然激起霞客浓厚的兴趣，数次表示出要前往探察。二十六、二十七两天，他投身这些矿区。

在矿区，他行走、察看、询访，探知了各矿场的有关情形：

阿幸厂厂房尽是茅草建盖，冶炼之炉有大有小，点布在山谷中，“炉烟氤氲”。矿石呈紫色，都是一大块一大块的。[169] 南香甸“居庐最盛”，一处处矿穴裸露在山峰最高处，远远地就能望见。诸多矿点的矿石挑运到南香甸煎炼，“乃众矿所聚也”[170]。它的东北边为石洞厂，东南边为灰窑厂，南边雅乌山中有雅乌厂。[171] 明光厂其实并非出矿之地，“惟烧炭运砖”，供南香甸等处冶炼。阿幸之外各厂的矿石，“皆黄散如沙泥”。[172]

二十七日，他还游了矿区的石房洞山，探游了山上的两个溶洞，傍晚又钻了云岩寺洞。这一天他两次涉险，后一次尤其让他铭心难忘。去石房洞山的路上，有一个叫雅乌山村的地方，人们视为畏途，行人通常不敢停留，[173] 他因不知情而糊里糊涂地就经过了。他上下石房洞山，都经历了极大的艰险。上去时，因层崖间没有路，他便“仰攀而上”。有一段土坡太陡峭而立足难稳，他就“以指攀草根而登”。艰难地攀到了有石头的地方，可那些石头容易松动，踩上去就往下滑落，手揪上去也滑落。好不容易摸索到稍微坚硬处，却无法上下。想往上无处可抓握，想往下无处可落脚。最后幸好试探到一块能承受两手两足的石头，才悬空移到上面。如此之惊险，让几十年履迹野外的他也禁不住在游记中写上一笔：“平生所历危境，无逾于此”。下山时，“俱悬崖无路”，只有些草根悬缀在崖坡间，他就双脚朝前，两手背过去抓着草根，慢慢向下滑坠。坠到山麓见着顾仆，“若更生也”。[174]

二十八日，从南香甸启程“为界头之行”。界头位于南香甸东南，“隔大山、大江各一重”。[175]途中涉川流，逾山岭，穿峡谷，颇为留意南香甸、石洞厂的一些矿穴点。在固栋东山、界头等处，观览、审度远近山脉的走势、分合。界头以后，循高黎贡山雪峰西麓南行，到达龙川江东岸的瓦甸。

二十九日，先是沿龙川江东岸走了好一段，而后坐小舟到西岸，随西山南行，到曲石。江上的景致引人入胜，比如其中一段：“两岸石峰交合，水流峡间”；“江为崖所束，奔流若线”。“峡中多沸水之石，激流荡波，而渔者夹流置罾于石影间，揽瑶曳翠，无问得鱼与鱼之肥否，固自胜也”。[176]从曲石往西南，他经过下海子（今北海），从海子北岸绕至海子南滨，还向卖浆人和耕夫询问了海子的一些情况。此后继续往西南穿过一些村寨、溪流，过州城，返回南门外原先住的旅店。

五月初一日，进城游观本来在城外而因旱移入城内、五天一集的街子，拜会吴参府等友人。

初二日，云峰山佛师及州南境绮罗村一李姓友人先后至寓所看望霞客，畅叙漫谈。

初三日，上午赴吴参府宴席，下午出州城西门，至西山麓观音寺游览。

初四日，本想阅读吴参府派人送来的《腾越州志》，绮罗村李姓友人来迎候，便一同骑马到了李家。悠悠然的行进途中，他再一次眺览、梳理腾越坝子四面八方山岭的脉络。

初五、初六日，游览考察州南境诸多地方。

初七日，雨雾淋漓中，翻山岭，渡溪流，到了著名的硫磺塘温泉群。当时风狂雨骤，他打着伞细细观览了温泉群。

且看他对温泉群精彩的记载描述：

遥望峡中蒸腾之气，东西数处，郁然勃发，如浓烟卷雾，东濒大溪，西贯山峡。

烟势独大者，则一池大四五亩，中洼如釜，水贮于中，只及其半，其色浑白，从下沸腾，作滚涌之状，而势更厉，沸泡大如弹丸，百枚齐跃而有声，其中高且尺余，亦异观也。

溯小溪西上半里，坡间烟势更大，见石坡东突，东北开一穴，如仰口而张其上腭，其中下绾如喉，水与气从中喷出，如有炉橐鼓风煽焰于其下，水一沸跃，一停伏，作呼吸状。跃出之势，

> 风水交迫，喷若发机，声如虎吼，其高数尺，坠涧下流，犹热若探汤。
>
> 又北上坡百步，坡间烟势复大，环崖之下，平沙一围，中有孔数百，沸水丛跃，亦如数十人鼓煽于下者。[177]

初八、初九日，因雨难以成行，呆在李姓友人家。前一天应友人之请作文，后一天“坐李君家录《腾志》(即《腾越州志》——引者)”。[178]

初十日，回到州城。接下来几天在城中或城附近活动，诸如会友、观赏玉石、购买有关物品。十四日至十八日更是足不出户，向吴参府索要到“八关”、“三宣”、“六慰”地图，“一一抄录之，数日无暇刻”[179]，以至于忘记了连日阴雨而自己兀坐寓所的情形。

十九日至二十一日，由腾冲东返。回程比来时走得慢一些，从州城至高黎贡山山脊分水关，花了近三天时间。

霞客数十天奔南逐北，免不了种种艰辛和危险。比如，离开州城当天上宝峰山途中，走到一“两旁皆东西下”的山脊，“乃饭于脊”[180]。到达宝峰山次日早晨，用随身带的米煮了点粥吃，“抵下午，馁甚”[181]。五月初六日那天在州南境的跋涉实在艰辛。上午浓雾弥漫，走在山岭中“茫若蹈海”，“雾黑莫辨方隅”。曾遇无路之处，结果“往返踯躅，茅深棘翳，遍索不前”。又曾在某处沙地上，见“虎迹甚明，累累如初印”。[182]本来很想去一个叫马鹿塘(在今梁河县东北隅）的地方，但一次次折腾总是找不对路。走饿了，解下随身带的冷饭吃一点，入夜投宿后，煮了粥喝下就寝。所投宿村寨的人不通汉语，他想询问一下地名也没办法。

探览石房洞山时，他上山下山的险厄情状令人惊悚。坠抵山下，他总算平安，那就休整一会吧，刚好也是中午，于是停在路旁吃了点随身携带的便餐继续前行。他当时身上装着不多的几十文钱，石房洞山历险时竟然不知抛落何处，弄得身无分文。到得寓所，他把夹衣、袜子、裤裙悬挂出去售卖，还好有人买了其中一样，这才解决了暂时的旅途资费问题。

深沉的边地情愫

霞客是怀了深沉的边地情愫踏进这方山水间的。

他早就有到滇西边地游览考察的打算，这在他之前的游记中不止一次地透露了出来。关于这片边地，按照他一贯的做法，他在没有来到之前，文献中的有关记载就肯定已有查阅了解。在西行途中，也曾听人说起过它的一些情形。而且，还必定有过一些对它的想象。

渡过怒江，上了高黎贡山，他不禁思忆起一些史事。三国时诸葛亮征南中，大明王朝前期王骥三征麓川，方政战死于麓川之役……一幕幕浮上心头。这些开疆守土的史事，就发生在此水此山间，或与这片山水关联。历史与现实的图景交织于脑海中，心情着实难以平静，于是“慨然者久之！”[183]

才到腾冲，他就急着想出境到缅甸看看。还在省城时，他一个叫吴方生的老乡，给他介绍了一个腾冲友人潘秀才，他到腾冲城第二天就与潘秀才相见。不想，潘秀才以及宿店中人都劝他不要出境，说“炎瘴正毒”[184]，其实应该还有其他原因。之后他又努力过，但终未成行。投足缅甸是他的一个愿望，哪怕过境不远也行，能感知一下两边山水人文的一些异同总好。

他从州城出发去州境北部地区游览考察，出南城门往西走到一视野开阔处，他就停下来，将脑海中储备的信息和眼前所见结合起来，观察、推究州境“四面之山”、“四面之水”和四面的边界。[185] 尤其是与边界关联的物事，他很是关注，在游记中详细记述八关的名称、地理分布，及其与交通路线的关系。明朝中前期，在后来的缅甸境内设置了若干土司，明后期形势发生变化，它们逐渐脱离明王朝的统辖，明管辖范围内缩。万历年间，鉴于当时的边境状况，当局组织军民沿边境一带筑设了神护、万仞、巨石、铜壁、铁壁、虎踞、天马、汉龙八关。霞客惋惜地表示道：“立此八关，于是关外诸彝，俱为阿瓦（明代又称缅甸为阿瓦——引者）所有矣”。[186] 他去腾冲那年，八关诞生还不到半个世纪。他离八关当然还很遥远，没有也几乎不可能足履八关，但却如此上心，足见其对边境形势的关切。

在州北境，他很想踏上临近国境线的滇滩关，苦于道路“已茅塞不通”，最终没能去到关隘处。但怎割舍得下呢？隔着三里地远远瞭望了一阵。他了解到，以前有守关的人，因不能安居，多逃亡而去，以至于“关废而田芜，寂为狐兔之穴矣”。[187] 然而，即便此种情形之下，仍有境外茶山一带的人偶尔背负一些土特产，过关来与州北境的人交易盐巴、布匹，境内也间或有出关进行某些活动的。

他在腾越的土地上已经走了许多、看了许多，但他觉得还不够。《大明一统志》对这里的记载他读了，可还想阅读更多、更细的记载。“三宣”、“六慰”地他去不了，八关一线也去不了，那就通过图、文等了解一些情况吧，聊补缺憾。于是，如前面所述，他到州南境，曾在李姓友人家抄录《腾越州志》。在州城，他想法从吴参府那里弄到了八关、“三宣”、“六慰”的地图，花了几个整天，一一抄绘。明朝时，腾越州数次编修地方志，最后在万历年间纂成《腾越州志》，霞客读到并抄录过的即此，只是它已不传，今天人们只能读到清代重新编修的《腾越州志》。他抄绘过的那几种地图的原本，后世也已失传。他费心费力弄了这些珍贵资料，只可惜像他沿途购买、拓印、抄录的其他诸多著述、碑铭、地图一样，不知流落何方。

就边地而言，自古边防为头等要事。霞客追忆史事，详述边关情形，抄录图书，如此等等，流露了他灵魂深处的边防意识。他加强边防的思想，在专文《近腾诸彝说略》[188] 中更加直接、明确地进行了申述。他认为，与腾越州接壤和更远地区的土司区域，是滇西的屏障，朝廷应该加强对它们的控制与管理。而自明朝前期起，基本上只进行宏观上的宽松控驭，即所谓羁縻的统辖方式。在他看来，不应该一律采取羁縻的方式，其中一些土司区域，“业非羁縻所可制驭”。他提出，为了腾越的进一步安宁，“自后当重其责以弭变”。也就是说，朝廷要重视滇西边防，选任有能力、有担当的边防将领，加重他们的边防职责，加强防务，惩治玩忽职守者，同时从各方面强化对土司区域的实际统治。一介布衣的他，为了国家边防而撰文申论，这不就是“国家兴亡，匹夫有责”理念的体现吗？

将近四百年前，滇西边地还披着颇多的神秘色彩，旅游者到这片地方去游览考察很不容易，而事实上也凤毛麟角。万历年间以后，滇西边关形势发生了较大的变化，边防等问题更多地引起各界的关注，然而内地一般人士要投身这里就越发不便了，太多的人们都不大敢于前往。徐霞客在腾越州的风姿，成了明末踏旅这片边地最为伟岸的身影。

瘴地之旅

此前还在滇西、滇西南的时候，他头部、面部、四肢就都长出了病变斑块，肌肤间一点点一片片，尤其左耳和右足，“时时有蠕动状”。一开始以为长了虱子，寻索后发现不是。为何会如此呢？他明确地告诉说，这是“久涉瘴地”所致。

重症缠身

时光进入1639年秋天，徐霞客的人生发生了转折。

这年年初还在丽江的时候，木增土官当面礼请并专门写了书信，“求修《鸡山志》”[189]。霞客允诺了木增的请求，只是按他的筹划，他要先到滇西一带旅游考察，然后再返回来潜心完成此事。

半年后的八月下旬，霞客第二次上了鸡足山。这座名山，他前一年数十天淹留其间，已是遍历广览。此次重返，略作一些休整后，主要任务便是修志。

有些残酷的是，重返鸡足山的徐霞客，身体实际上已经出现了颇为严重的病症。上山后第八天，即八月二十九日，他在游记中写道：此前还在滇西、滇西南的时候，他头部、面部、四肢就都长出了病变斑块，肌肤间一点点一片片，尤其左耳和右足，“时时有蠕动状”。一开始以为长了虱子，寻索后发现不是。为何会如此呢？他明确地告诉说，这是“久涉瘴地”所致。[190]

久涉瘴地

1639年夏秋，霞客在今保山和临沧的山水间跋涉，真就是“久涉瘴地”。

那么，且让我们随着他的脚步，看看具体的一些情形。

炎炎夏日，霞客多次投足怒江谷地，四渡怒江。

这是一片典型的瘴地，早在唐代，樊绰的《云南志》已记载说：这里“草木不枯，有瘴气”，夏秋“毒暑酷热”。[191]类似的说法见诸于后世许多文献中。

按霞客一贯的做法，对文献中所记和社会上传言的怒江河谷等地方的瘴疠，他应当有所了解。他的游记中却明确说，行进的当时，没有感觉出和观察到瘴疠。后来的情况表明，他当时虽受了瘴疠的侵染，但因没有明显反应而不自知。

四月十一日，他来到怒江边，要渡江翻越高黎贡山去腾冲。农历孟夏时节的怒江谷地，已然热浪腾滚。他在东岸举目眺望，“崇山夹立”中的大峡谷自北而南延展。江岸居住着两三户人家，村旁是可供停留的公馆。霞客在公馆吃了餐饭，花了好一段时辰等待渡船，登船后船夫又因故延迟，下午才放渡。当地人告诉他，“瘴疠甚毒，必饮酒乃渡”，并且“夏秋不可行”。他经常在旅途劳顿之后与杜康为伴，那天却刚好没饮酒。船行速度缓慢，坐在船上悠悠然远观近览的他，还曾不免有些暗自庆幸：“乌睹所云瘴母哉！”下船上岸，暴雨急来。从河坝中西行，抵高黎贡山下，阵雨再度袭来。他留心当时情景，记录道：“从来言暴雨多瘴，亦未见有异也”。山下有个叫八湾（今名坝湾）的村子，霞客原先大概有在那里住宿的打算，但“一行人言此地热不可栖”，于是继续上山。[192]

时值盛夏的五月二十二日，霞客从腾冲东返，到达怒江谷地。经过八湾，他不断听人说那里“暑瘴为甚，无敢置足者”。他自然也没停留，马不停蹄东行渡江。呈现在他眼前的怒江，比起前一个月来水势大涨，怒涛奔腾，“洪流汹涌”。霞客说，“是日热甚”，遇到遮荫处每每停息，已顾及不了行程的快慢远近。[193]

回到保山城，在城中及周边活动了一段时间后，霞客于七月间又到今保山市隆阳区西北隅怒江边的上江一带探游。

七月初十日，他穿行于怒江东岸的峰岭沟壑间。暑热太甚，以至于他上午就曾找了一个蔽荫处的石块躺卧了好一阵。当晚住宿江边一个叫早龙江的土官家。

十一日早上，在江边空旷处，早龙江为他指点周边景物。放眼望去，“时新谷、新花，一时并出，而晚稻香风，盈川被陇。”这里不也是人们常谈论的瘴地吗？旷野中涌动的气流不都往往被认为是瘴气吗？霞客感物触景，却落笔这样写道：“真边境之休风，而或指以为瘴，亦此地之常耳”。[194]

随后，他溯江北行一段，渡江到了西岸，投宿一傣族村寨头领家。黄昏时分，坐在那头领家竹楼阳台上酌酒赏景。夜色中风雨骤来，但“川中蕴热”，当夜他没进内室就寝，竟然就卧眠于无墙板遮蔽的阳台上。

霞客了解到上江西面高黎贡山中有个叫石城的地方，景象独特，很想去探游。十二日到了石城外围，十三日在一老僧导引下去到石城。大半天都在俯仰难辨天地的莽莽原始丛林中钻爬，披荆棘，度坎坷，攀崖石。深山丛林，气温并不太高，但对不适应当地环境的人而言，身体定然会受影响。

第二天，霞客渡过怒江返保山城。连续几天，他都在雨中奔波。十四日“雨忽作忽止”，十五日“雨色霏霏”。十六日爬到一岭头时“雨势滂沱”，他踏水前行，感觉好似“骑玉龙而揽沧海”。中间有一阵云开雾散，接着又是大雨淋漓。全身被淋透的他，一次次在雨中滑倒，以至于“头目既伤，四肢受病”。[195]回到保山城后，病了好几天。

穿行滇西南

八月上中旬，霞客的步履踏入今保山市昌宁县和临沧市凤庆县、云县境。《大明一统志》等一些文献记载元江上游礼社江南流而与澜沧江汇合，霞客对此早有怀疑，此行主要就是为了解开疑惑。到了云县，他原打算“东南穷澜沧下流”[196]，但因已弄清两江各自独流，便改变行程，十几天后登上鸡足山。

如果他继续前行，后来在鸡足山上身体病变的情形发生在漫漫征途中，那将会是一种怎样的结局？这真难以想象。

这半月霞客所经不少地方，在当时都是被视为畏途的“瘴地”。

八月初一日，他行经今昌宁县西北隅枯柯江峡谷。那峡谷深而狭长，濒江两岸田畴交错，居住着彝族等一些少数民族，据说汉族人一入其地即发瘴病，不敢定居。当地人告诉他，“江边恶瘴，行者不敢伫足”[197]。他却直抵江上，观察了横空飞架的铁锁桥。此前他得知几十里之外有个鸡飞温泉，三番五次想去。到了江边再次问路，有人告诉他茅塞无路，有人说温泉前不挨村后不着店，又有人劝他途中有瘴毒不可前往。他思量再三，最终放弃。

中秋前后，滇西南的山谷间潮湿、闷热，晴雨变幻不定，是古代所说瘴气生成的一种典型环境。十几天中，徐霞客多数在野外奔波，穿越众多峡谷，跨涉大大小小许多溪流。比如，初五日行经一峡谷，两边高崖危壁，中间如渊深嵌，“其狭外束如门”[198]。初七日穿过一夹槽，“两崖如剖”，“槽上丛木交蔽”[199]。初十日，他从云州城折返顺宁府城途中渡一溪，水流宽阔而湍急，到中流时难以站稳，“每一移趾，辄几随波荡去”。当天“以暑气逼人”，才过中午便停宿鹿塘。[200]

霞客这半个月左右的行程，并不很顺，受了一些阻滞。路途艰险，食宿简陋，对他来说不算什么，他总是不以为然。但无可奈何的滞留，难免让他心生郁闷之情。他置身“瘴地”的时日，也因此而延长。

八月初二、初三两天，雨连连雾重重，加之原先的担夫逃跑，几经周折又没能另外雇到，只得滞留右甸城（今昌宁县城），竟日在旅店中“郁郁作记”。[201] 初六日早晨，给头天雇请到的担夫付钱后将要出发，霞客加了个饭包在担上，那担夫立刻撂了挑子离去，当天便没能前行。十二、十三、十四日三天，先是请不到担夫，后又因所雇驮盐马帮耽搁，行期数次延迟。随后两天，他攀峰岭穿沟谷，先后渡过澜沧江、黑惠江，结束了滇西南之行。霞客肌肤间感觉有蠕动，开初以为是生了虱子，正是在这段时间。

有几天，霞客因前路无投宿村寨而早早歇脚。以他一贯的野外活动风格，这本是他所不情愿的。初四日中午请到担夫，他离开右甸城继续往东南走。到一个叫玉璧岭的村子，只有两三户人家居住在峰头，“时日尚高，以前路无可止，遂歇”[202]。之后的初八日和中秋节那天，都是类似的情形。

中秋节后一个星期，霞客登上鸡足山。

东 归

山河万古。徐霞客融结于山水中的性灵永在，南疆北国的一处处山水间藏留了他雄迈深沉的情怀，定格了他伟岸的身影。他植根于山水，来源于长期实践的丰厚思想和精神，在历史时空中永恒地闪烁着光芒，照耀中华大地的山山水水。

顾仆潜逃

穿行在滇西、滇西南大山大河和城市、乡野中的徐霞客，没有害怕、顾忌些什么，哪怕涉足人们谈而色变的瘴疠之区，他表现出的仍是轻松的情态。可是，他的身体真还就在这时出了问题。只是，他在那段时间的游记中，丝毫未予透露。

回到鸡足山后，短短的时间内，徐霞客除了遭受身体的病变，还遭受了一次情感的震荡。

重阳节那天，霞客到狮林一带游览，僧人兰宗留他住宿。他考虑到兰宗的庐室住宿条件有限，便让仆人顾行回他们在鸡足山的大本营悉檀寺住。因当时解缚不便，他就把房门和几个箱子的钥匙一并给了顾仆。第二天早晨，他给兰宗写了首诗后才要下山，悉檀寺一僧人急匆匆而来，告知他顾仆去了大理，不知怎么回事。他一听便知，所谓去大理不过是谎言，实际上逃走了。原来，霞客旅经大理时寄存了一些物品在那里，本打算回鸡足山稍作停留，就再游大理并取回物品，但因故未成行，没承想被顾仆用作幌子。霞客回到悉檀寺，打开箱子一看，稍微贵重值钱的物品一应被卷走。当时在场的两僧人想集结众僧去追，被霞客制止。情感世界被重重撕扯的他，在游记中有些哀怨地写了一笔："离乡三载，一主一仆，形影相依，一旦弃余于万里之外，何其忍也！"[203]

抱病创修《鸡山志》

今本《徐霞客游记》，止于四天后的九月十四日，而且对这一天有关活动的记载也已经不全，游记文字散佚了一些。

霞客九月中旬以后的活动，今天已经读不到直接的记述。综合判断，他应该没有像以前一样按日写游记了。他做了什么呢？季会明说：自九月开始，霞客“奉木丽江之命，在鸡山修志，逾三月而始就”[204]。霞客回家后卧床数月，每每把季会明叫到病榻前，给他讲述“西南万里遐征”的游历事迹。游记缺载的一些事，季会明由此得知。霞客历数月而修成《鸡足山志》，可无疑。

霞客自幼铸就弘通的学养，几十年山水生涯中始终有着高远的文化追求，并且随着他旅游考察事业的不断拓展，文化人的形象愈加丰满和凸显。为名山胜水修志是他的文化追求之一，是他一生的一种文化情结。《鸡足山志》的修撰，使得他的这一文化追求最终成为实践。如果我们试着去猜度一下他的心迹，他定然还想撰修其他的志书。只是，由于他生命历程的转折，《鸡足山志》的撰修便定格为他一生文化活动历程中标志性坐标的最后那座。

霞客修志的这段时光，着实有些特别，演绎了一段瑰丽的人生。他活动的节拍，不再像此前一年多那样。数月间，一种实实在在的伤痛无情地缠上了他，他的内心定然升起悲情。他当然不会被击倒，从无数苦痛、艰险中走过来的他，坦然面对，毅然地凝聚了力量，从事了这桩别具意义的事业。

霞客以怎样的方式修志呢？因相关记载的缺略，后世已不知晓。受高友礼请，在他思想臻于成熟的晚年时期，以他做事的执著、严谨风格，完成这桩心之所愿的事情，自然会殚精竭虑。日复一日，白昼笔耕，夜晚灯下研墨挥毫，这是想象得到的必然的情景。与山中的僧人，应该进行过这样那样的沟通探讨，陆续写出的稿子不时与他们分享。撰写过程中，说不定还拖着蹒跚的步履，再度去踏勘了山中的一些寺宇沟壑。稿子也许曾送呈丽江木增土司等人审读，他们认可后方才封笔。

鸡足山有专志，始自霞客此次修撰。霞客的开创之功，志稿的价值，后世研究者每有评赞。不无遗憾的是，霞客修撰的鸡足山志，今天已不存世。大概他回家乡时还没能刊印或重抄，故而没能带回全本，只摘抄了《鸡山志目》《鸡山志略一》《鸡山志略二》带上，后来游记整理者将它们附在正文末。康熙年间鸡足山一高僧续修的《鸡足山志》，保留了霞客志稿的一些条目内容。这样，好歹后世能对霞客志稿略窥一斑。

悲怆东归

霞客生命历程的最后几个节段，有些悲怆。

他旅滇末期，接下来的东归，以及回到家中后的半年左右时光，都是在日渐加重的足疾中度过的。坚韧的他，却没有在游记中做明确的记述。

陈函辉《徐霞客墓志铭》中说："一日，忽病足，不良于行。留修《鸡足山志》，三月而志成。丽江木守为饬舆从送归"[205]。钱谦益《徐霞客传》和民国年间编的《梧塍徐氏宗谱·高士霞客公传》中有相同的叙说。正如前面所说，还在滇西南时，霞客腿脚就明显已出现了问题，渐渐地便"不良于行"可想而知。随后数月，他带着病痛完成了《鸡足山志》的修撰。

回首岁月，遐征西南已历数载，风雨寒暑中的拼搏结晶成了累累硕果，内心的快慰不言而喻。同时，随着病痛的加剧，叶落要归根必定成了心底的强音。可是，已经"不良于行"了，怎么回家呢？谁曾料想，他此前与丽江木增土司之间的那些交集，似乎成了冥冥之中的一种安排。两人的情谊，以一种特殊方式掀起又一次高潮。木土司派了若干人，用滑竿抬着徐霞客，送他东归。启程时木增土司或许在场，那是怎样一场撕扯心魂的告别啊！归途始自鸡足山，一程又一程，千里穿越云南高原上崎岖的道路。应该是到了四川宜宾附近，改走水路，乘船顺江下行。

东归途中免不了有些周折，转折性的一次，发生在长江湖北段。陈函辉《徐霞客墓志铭》中说，启程一百五十天后，到了湖北境内，回家已指日可待。然而，"至楚江（指今湖北黄冈一带——引者）困甚”，黄冈侯县令“为具舟楫，六日而达江口，遂得生还”[206]。到底发生了什么呢？“困甚”是怎样一种境况？木土司派了护送霞客的人从楚江返回还是一起去了江阴？木土司可知此事？这些谜团无从得解。天佑霞客，他回到了家中。季会明在他最初整理的《徐霞客游记》序中说：霞客“归而两足俱废”[207]。此后，他基本不再能够下地活动，大体只能卧床息养，身体的病变没能逆转，过了半年左右，溘然辞世！

简直太残酷！一个几十年用脚步丈量山河大地、在步履间书写雄奇厚重人生的旅行家，一朝而足不能行，心海将掀起多大的波澜？旁人何忍相看，如何谈说，怎生思量？回想他的生命之旅，这不好让人接受的结局似乎又合乎逻辑。经年累月投身野外，披艰历险，餐风宿露，冒寒冒暑，跋涉了不计其数的山川城村。六尺血肉之躯，月月岁岁受着耗损，终究还是过早衰退，尽管内心恁般强大。

山河万古。徐霞客融结于山水中的性灵永在，南疆北国的一处处山水间藏留了他雄迈深沉的情怀，定格了他伟岸的身影。他植根于山水，来源于长期实践的丰厚思想和精神，在历史时空中永恒地闪烁着光芒，照耀中华大地的山山水水。

注 释

① 陈继儒《寿江阴徐太君王孺人八十叙》，载徐弘祖撰、朱惠荣校注《徐霞客游记校注·附录》，下册第 1472 页。以下引用该书，版本同此。

② 参见民国三十五年（1946）重修《梧塍徐氏宗谱》。

③ 陈函辉：《徐霞客墓志铭》，载《徐霞客游记校注·附录》，下册第 1432 页。

④ 吴国华：《圹志铭》，载《徐霞客游记校注·附录》，下册第 1430 页。

⑤ 参见民国三十五年（1946）重修《梧塍徐氏宗谱》

⑥《徐霞客游记校注·游嵩山日记》，上册第 58 页。

⑦ 陈函辉：《徐霞客墓志铭》，载《徐霞客游记校注·附录》，下册第 1432 页。

⑧ 陈函辉：《徐霞客墓志铭》，载《徐霞客游记校注·附录》，下册第 1433 页。

⑨ 陈函辉：《徐霞客墓志铭》，载《徐霞客游记校注·附录》，下册第 1433 页。

⑩《徐霞客游记校注·游太和山日记》，上册第 83 页。

⑪ 陈函辉：《徐霞客墓志铭》，载《徐霞客游记校注·附

录》，下册第 1434 页。

⑫ 陈锡仁:《王孺人墓志铭》，载《徐霞客游记校注·附录》，下册第 1498 页。

⑬ 陈锡仁:《晴山堂记》，载《徐霞客游记校注·附录》，下册第 1484 页。

⑭ 谢肇淛:《五杂俎》卷 13《事部一》，上海书店出版社 2009 年版，第 259 页。

⑮ 钱谦益:《牧斋初学集》，上海古籍出版社 1985 年版。

⑯ 陈函辉:《徐霞客墓志铭》，载《徐霞客游记校注·附录》，下册第 1433 页。

⑰ 陈函辉:《徐霞客墓志铭》，载《徐霞客游记校注·附录》，下册第 1433 页。

⑱ 陈函辉:《徐霞客墓志铭》，载《徐霞客游记校注·附录》，下册第 1433 页。

⑲《徐霞客游记校注·游九鲤湖日记》，上册第 51 页。

⑳《徐霞客游记校注·游嵩山日记》，上册第 58 页。

㉑ 陈函辉:《徐霞客墓志铭》，载《徐霞客游记校注·附录》，下册第 1434 页。

㉒《徐霞客游记校注·浙游日记》，上册第 140 页。

㉓ 钱谦益:《徐霞客传》，载《徐霞客游记校注·附录》，下册第 1439 页。

㉔《徐霞客游记校注·黔游日记一》，下册第 746 页。

㉕ 以上两段中的引文，见《徐霞客游记校注·楚游日记》，不一一注明。

㉖《徐霞客游记校注·楚游日记》，上册第 280 页。

㉗《徐霞客游记校注·粤西游日记三》，上册第 574 页。

㉘《徐霞客游记校注·粤西游日记三》，上册第 608 页。

㉙《徐霞客游记校注·粤西游日记三》，上册第 558 页。

㉚《徐霞客游记校注·黔游日记一》，下册第 783 ~ 784 页。

㉛《徐霞客游记校注·黔游日记二》，下册第 793 页。

㉜《徐霞客游记校注·滇游日记一》，下册第 818 页。

㉝《徐霞客游记校注·盘江考》，下册第 920 页。

㉞《徐霞客游记校注·盘江考》，下册第 920 ~ 921 页。

㉟《徐霞客游记校注·盘江考》，下册第 921 页。

㊱ 周季凤纂修：正德《云南志》，卷 9《曲靖军民府山川》。

㊲《徐霞客游记校注·盘江考》，下册第 921 页。

㊳《徐霞客游记校注·滇游日记三》，下册第 884 页。

㊴《徐霞客游记校注·盘江考》，下册第 920 页、921 页。

㊵《徐霞客游记校注·滇游日记三》，下册第 884 页。

㊶《徐霞客游记校注·滇游日记三》，下册第 885 页、889 页。

㊷《徐霞客游记校注·盘江考》，下册第 922 页。

㊸《徐霞客游记校注·游颜洞记》，下册第 829 页、830 页。

㊹《徐霞客游记校注·盘江考》，下册第 922 页。

㊺《徐霞客游记校注·滇游日记二》，下册第 842 页。

㊻《徐霞客游记校注·滇游日记二》，下册第 850 页。

㊼《徐霞客游记校注·滇游日记二》，下册第 861 页。

㊽《徐霞客游记校注·滇游日记二》，下册第 839 页。

㊾《徐霞客游记校注·滇游日记二》，下册第 846 页。

㊿《徐霞客游记校注·滇游日记二》，下册第 850 页、851 页、854 页。

(51)《徐霞客游记校注·滇游日记三》，下册第 876 ~ 877 页。

(52)《徐霞客游记校注·滇游日记二》，下册第 846 页。

(53)《徐霞客游记校注·滇游日记二》，下册第 855 页。

(54)《徐霞客游记校注·滇游日记三》，下册第 878 页。

(55)《徐霞客游记校注·滇游日记三》，下册第 900 页。

(56)《徐霞客游记校注·随笔二则》，下册第 834 页。

(57)《徐霞客游记校注·滇游日记二》，下册第 863 页。

(58)《徐霞客游记校注·滇游日记二》，下册第 844 页、845 页。

(59) 见《徐霞客游记校注·滇游日记二》相关记述。

(60)《徐霞客游记校注·滇游日记三》，下册第 893 页。

(61)《徐霞客游记校注·滇游日记三》，下册第 884 页。

(62)《徐霞客游记校注·滇游日记三》，下册第 874 ~ 875 页。

(63)《徐霞客游记校注·滇游日记三》，下册第 884 页。

(64)《徐霞客游记校注·滇游日记三》，下册第 893 页。

(65)《徐霞客游记校注·滇游日记二》，下册第 849 页。

(66)《徐霞客游记校注·滇游日记二》，下册第 838 页。

(67)《徐霞客游记校注·滇游日记二》，下册第 848 页。

(68)《徐霞客游记校注·滇游日记二》，下册第 857 ~ 861 页。

⑲《徐霞客游记校注·滇游日记二》，下册第864页、865页、866页。

⑳《徐霞客游记校注·滇游日记三》，下册第885页、889页。

㉑《徐霞客游记校注·滇游日记三》，下册第892页、894页、895页。

㉒ 参见《徐霞客游记校注·随笔二则》、《徐霞客游记校注·滇游日记二》。

㉓《徐霞客游记校注·游颜洞记》，下册第830页。

㉔《徐霞客游记校注·滇游日记二》，下册第844页、845页。

㉕《徐霞客游记校注·滇游日记二》，下册第847～848页。

㉖《徐霞客游记校注·滇游日记三》，下册第882～883页。

㉗《徐霞客游记校注·滇游日记二》，下册第859页。

㉘《徐霞客游记校注·滇游日记三》，下册第876页。

㉙《徐霞客游记校注·滇游日记三》，下册第872页。

㉚《徐霞客游记校注·游太华山记》，下册第822～823页。

㉛《徐霞客游记校注·游太华山记》，下册第823～824页。

㉜《徐霞客游记校注·滇游日记四》，下册第934页。

㉝《徐霞客游记校注·滇游日记四》，下册第940～941页。

㉞《徐霞客游记校注·滇游日记四》，下册第941页。

㉟《徐霞客游记校注·滇游日记四》，下册第942页。

㊱《徐霞客游记校注·滇游日记四》，下册第945～946页。

㊲《徐霞客游记校注·滇游日记四》，下册第947页。

⑧⑧《徐霞客游记校注·滇游日记四》，下册第940页。

⑧⑨《徐霞客游记校注·滇游日记二》，下册第838页。

⑨⓪《徐霞客游记校注·滇游日记二》，下册第843页。

⑨①《徐霞客游记校注·滇游日记二》，下册第851页。

⑨②《徐霞客游记校注·滇游日记十》，下册第1254页。

⑨③《徐霞客游记校注·滇游日记十》，下册第1257页。

⑨④《徐霞客游记校注·滇游日记十一》，下册第1258页。

⑨⑤《徐霞客游记校注·滇游日记十》，下册第1226页。

⑨⑥《徐霞客游记校注·滇游日记十》，下册第1230页。

⑨⑦ 徐霞客：《哭静闻禅侣》，载《徐霞客游记校注·附录》，下册第1381页。

⑨⑧《徐霞客游记校注·江右游日记》，上册第223页。

⑨⑨《徐霞客游记校注·江右游日记》，上册第235页。

⑩⓪《徐霞客游记校注·粤西游日记三》，上册第643页。

⑩①《徐霞客游记校注·滇游日记四》，下册第936页。

⑩②《徐霞客游记校注·滇游日记五》，下册第1013页。

⑩③《徐霞客游记校注·滇游日记六》，下册第1049页。

⑩④《徐霞客游记校注·滇游日记六》，下册第1035页。

⑩⑤《徐霞客游记校注·滇游日记十二》，下册第1336页。

⑩⑥《徐霞客游记校注·滇游日记五》，下册第1016页。

⑩⑦《徐霞客游记校注·鸡山志略一》，下册第1352页。

⑩⑧《徐霞客游记校注·滇游日记六》，下册第1031页。

⑩⑨《徐霞客游记校注·滇游日记五》，下册第1022页。

⑪⓪ 范承勋纂修：《鸡足山志》卷6《人物》，鸡足山佛

教协会 1988 年翻印本，第 107 页。

⑪《徐霞客游记校注·滇游日记七》，下册第 1073 页。

⑫《徐霞客游记校注·附录》，下册第 1500 页。

⑬ 陈函辉：《徐霞客墓志铭》，载《徐霞客游记校注·附录》，下册第 1437 页。

⑭ 徐霞客：《山中逸趣跋》，载《徐霞客游记校注·附录》，下册第 1388 ~ 1389 页。

⑮《徐霞客游记校注·滇游日记七》，下册第 1069 页。

⑯《徐霞客游记校注·滇游日记七》，下册第 1070 页。

⑰《徐霞客游记校注·滇游日记七》，下册第 1075 ~ 1076 页。

⑱《徐霞客游记校注·滇游日记七》，下册第 1073 页。

⑲《徐霞客游记校注·滇游日记六》，下册第 1062 页。

⑳《徐霞客游记校注·滇游日记六》，下册第 1063 页。

㉑《徐霞客游记校注·滇游日记七》，下册第 1072 页。

㉒《徐霞客游记校注·滇游日记六》，下册第 1063 页。

㉓《徐霞客游记校注·滇游日记七》，下册第 1070 页。

㉔《徐霞客游记校注·滇游日记七》，下册第 1071 页。

㉕《徐霞客游记校注·滇游日记十二》，下册第 1323 页。

㉖《徐霞客游记校注·滇游日记二》，下册第 845 页。

㉗《徐霞客游记校注·滇游日记二》，下册第 863 页。

㉘ 吴国华：《圹志铭》，载《徐霞客游记校注·附录》，下册第 1431 页。

㉙ 陈函辉：《徐霞客墓志铭》，钱谦益：《徐霞客传》，

载《徐霞客游记校注·附录》，下册第 1436 页、1440 页。

⑬⓪《徐霞客游记校注·滇游日记四》，下册第 940 页。

⑬①《徐霞客游记校注·滇游日记四》，下册第 979 页。

⑬②《徐霞客游记校注·滇游日记五》，下册第 1010 页。

⑬③《徐霞客游记校注·滇游日记六》，下册第 1049 页。

⑬④《徐霞客游记校注·滇游日记六》，下册第 1059 ~ 1060 页。

⑬⑤《徐霞客游记校注·滇游日记五》，下册第 989 页。

⑬⑥《徐霞客游记校注·滇游日记五》，下册第 989 页。

⑬⑦《徐霞客游记校注·滇游日记五》，下册第 988 页。

⑬⑧《徐霞客游记校注·滇游日记七》，下册第 1070 页。

⑬⑨《徐霞客游记校注·滇游日记七》，下册第 1071 页。

⑭⓪《徐霞客游记校注·滇游日记三》，下册第 909 页。

⑭①《徐霞客游记校注·滇游日记三》，下册第 903 页。

⑭②《徐霞客游记校注·盘江考》，下册第 923 页。

⑭③ 钱谦益：《徐霞客传》，载《徐霞客游记校注·附录》，下册第 1440 ~ 1441 页。

⑭④《徐霞客游记校注·溯江纪源》，下册第 1361 页、1363 页。

⑭⑤《徐霞客游记校注·溯江纪源》，下册第 1362 页。

⑭⑥ 王叔武：《大理行记校注》，云南人民出版社 1986 年 12 月第 1 版，第 21 页。

⑭⑦ 周振鹤编校：《王士性地理书三种》之《广志绎》，上海古籍出版社 1993 年 4 月第 1 版，第 387 页、386 页。

⑱《徐霞客游记校注·滇游日记八》，下册第 1123 页。

⑲《徐霞客游记校注·滇游日记八》，下册第 1134 页。

⑮《徐霞客游记校注·滇游日记八》，下册第 1131 页。

⑮《徐霞客游记校注·滇游日记八》，下册第 1132 ~ 1133 页。

⑮《徐霞客游记校注·滇游日记八》，下册第 1133 ~ 1134 页。

⑮《徐霞客游记校注·滇游日记八》，下册第 1132 ~ 1133 页。

⑮ 李元阳纂：嘉靖《大理府志》卷 2《地理志·市肆》，云南省图书馆传抄北京图书馆藏明嘉靖间刻本，第二册。

⑮ 谢肇淛：《滇略·俗略》。转引自李春龙等《正续云南备征志精选点校》，云南人民出版社 2000 年 3 月第 1 版，第 241 页。

⑮《徐霞客游记校注·滇游日记八》，下册第 1123 页。

⑮《徐霞客游记校注·滇游日记八》，下册第 1126 页。

⑮ 尤中：《僰古通纪浅述校注》，云南人民出版社 1989 年 3 月第 1 版，第 68 ~ 69 页。

⑮ 王叔武：《大理行记校注》，云南人民出版社 1986 年 12 月第 1 版，第 20 页。

⑯《徐霞客游记校注·滇游日记八》，下册第 1123 页。

⑯《徐霞客游记校注·滇游日记八》，下册第 1123 页。

⑯《徐霞客游记校注·滇游日记八》，下册第 1123 页。

⑯《徐霞客游记校注·滇游日记八》，下册第 1123 ~

1124 页。

⑯④《徐霞客游记校注·滇游日记八》，下册第 1124 ~ 1125 页。

⑯⑤《徐霞客游记校注·滇游日记八》，下册第 1126 ~ 1129 页。

⑯⑥《徐霞客游记校注·滇游日记八》，下册第 1133。

⑯⑦《徐霞客游记校注·滇游日记十三》，下册第 1341 页。

⑯⑧ 唐泰：《大游篇赠霞客徐先生》，载《徐霞客游记校注·附录》，下册第 1419 页。

⑯⑨《徐霞客游记校注·滇游日记九》，下册第 1200 页。

⑰⓪《徐霞客游记校注·滇游日记九》，下册第 1206 页。

⑰① 见《徐霞客游记校注·滇游日记九》，下册第 1202 页、1205 页。

⑰②《徐霞客游记校注·滇游日记九》，下册第 1205 页。

⑰③ 见《徐霞客游记校注·滇游日记九》，下册第 1202 页。

⑰④《徐霞客游记校注·滇游日记九》，下册第 1203 页。

⑰⑤《徐霞客游记校注·滇游日记九》，下册第 1205 页。

⑰⑥《徐霞客游记校注·滇游日记九》，下册第 1208 页。

⑰⑦《徐霞客游记校注·滇游日记十》，下册第 1225 页。

⑰⑧《徐霞客游记校注·滇游日记十》，下册第 1226 页。

⑰⑨《徐霞客游记校注·滇游日记十》，下册第 1230 页。

⑱⓪《徐霞客游记校注·滇游日记九》，下册第 1179 ~ 1180 页。

⑱①《徐霞客游记校注·滇游日记九》，下册第 1181 页。

⑱《徐霞客游记校注·滇游日记十》，下册第 1221 页、1222 页。

⑱《徐霞客游记校注·滇游日记九》，下册第 1172 页。

⑱《徐霞客游记校注·滇游日记九》，下册第 1176 页。

⑱《徐霞客游记校注·滇游日记九》，下册第 1176～1177 页。

⑱《徐霞客游记校注·滇游日记九》，下册第 1177 页。

⑱《徐霞客游记校注·滇游日记九》，下册第 1199 页。

⑱《徐霞客游记校注·近腾诸彝说略》，下册第 1292 页。

⑱《徐霞客游记校注·滇游日记七》，下册第 1073 页。

⑲《徐霞客游记校注·滇游日记十三》，下册第 1340 页。

⑲ 樊绰撰，向达原校、木芹补注：《云南志补注》，卷二《山川江源第二》，云南人民出版社 1995 年 12 月版，第 20 页。

⑲《徐霞客游记校注·滇游日记九》，下册第 1170～1171 页。

⑲《徐霞客游记校注·滇游日记十》，下册第 1233～1234 页。

⑲《徐霞客游记校注·滇游日记十一》，下册第 1274 页。

⑲《徐霞客游记校注·滇游日记十一》，下册第 1278 页、1279 页、1280 页。

⑲《徐霞客游记校注·滇游日记十二》，下册第 1309 页。

⑲《徐霞客游记校注·滇游日记十二》，下册第 1295 页。

⑲《徐霞客游记校注·滇游日记十二》，下册第 1300 页。

⑲《徐霞客游记校注·滇游日记十二》，下册第 1304 页。

⑳《徐霞客游记校注·滇游日记十二》，下册第 1311 页。

㉑《徐霞客游记校注·滇游日记十二》，下册第 1299 页。

㉒《徐霞客游记校注·滇游日记十二》，下册第 1300 页。

㉓《徐霞客游记校注·滇游日记十三》，下册第 1345 页。

㉔《徐霞客游记校注·滇游日记十三》，下册第 1350 页。

㉕ 陈函辉:《徐霞客墓志铭》，载《徐霞客游记校注·附录》，下册第 1437 页。

㉖ 陈函辉:《徐霞客墓志铭》，载《徐霞客游记校注·附录》，下册第 1437 页。

㉗《徐霞客游记校注·附录》，下册第 1500 页。